EUROPEAN ESSAYS ON NATURE AND LANDSCAPE

Landschaften sind grenzübergreifend, der Blick auf Landschaften und die Kenntnis von ihnen schaffen Gemeinsamkeiten. Geschichte, Politik, Geologie, Wirtschaft, Biologie, Kunst und Literatur und viele Wissensbestände mehr werden in der Betrachtung der EUROPEAN ESSAYS ON NATURE AND LANDSCAPE zum Gegenstand. Die Beschäftigung mit Landschaften schärft den Blick auf die uns umgebende Natur und sie regt zum eigenen Naturerleben an. Wir sind auf unsere Landschaften in vielfältigem Sinn angewiesen, sie sind unsere Lebensgrundlage – vor allem die der kommenden Generationen. Warum Essays? Der Essay ist streng im Blick auf das Ergebnis, nicht aber in der Systematik. Im Mittelpunkt steht oft die persönliche Auseinandersetzung der Autorin oder des Autors mit dem jeweiligen Gegenstand. Alles ist erlaubt, wenn es die Lesenden dem Gegenstand näherbringt, ihn für sie erschließt. Der Essay ermöglicht einen an Perspektiven reichen Blickwinkel. In der hier vorgestellten Buchreihe den Blick auf Landschaften und Naturphänomene in Europa.

HEIDE

»Heide war früher ein Wort für öde, unfruchtbare ›Wüsteney‹. Die Erfindung der Heidbauern-Landwirtschaft vor cirka tausend Jahren ermöglichte immerhin einen kargen, aber auskömmlichen Ackerbau. Als die Heide im küstennahen Norddeutschland buchstäblich nichts mehr hergab, wurde ihre prägnante, schöne Landschaft als Kulturdenkmal erkannt und gerettet. Allein diese Rettung ist eine wundersame Geschichte. Eine unter vielen, die zusammengenommen ein Kaleidoskop bilden. Grundfarbe lila. In unmittelbarer Küstennähe – an Atlantik, Nordsee und Ostsee – wurzelt Heide auch ohne den ›Pflege-Biss‹ von Weidetieren.«

Claus-Peter Lieckfeld

EUROPEAN ESSAYS ON NATURE AND LANDSCAPE

CLAUS-PETER LIECKFELD

HEIDE

KJM Buchverlag

Die EUROPEAN ESSAYS ON NATURE AND LANDSCAPE
werden von Klaas Jarchow herausgegeben

1. Auflage März 2023

Simrockstr. 9a, 22587 Hamburg
www.europeanessays.eu
ISBN 978-3-96194-203-9
Vertrieb: KJM Buchverlag, Hamburg
www.kjm-buchverlag.de

Herstellung, Satz und Gestaltung: Eberhard Delius, Berlin
Gesetzt aus der Alisal und Scala Sans
gedruckt auf Munken Pure 120 g, Überzug f-color natur Hanf geprägt
Cover und Umschlaggestaltung: Rothfos & Gabler, Hamburg
unter Verwendung von © Shutterstock_95609440
Korrektorat: Rainer Kolbe, Hamburg
Druck & Bindung: Gugler GmbH, Melk/Donau
Printed in Austria

Mehr über die European Essays
on Nature and Landscape:
www.europeanessays.eu

Geschnitten mit lederner Sichel ein Hauch
von Petersilie Rosmarin Thymian Salbei
drapiert wohl in Heide – ein blühender Strauch
Auf dass unsre Liebe nun ewiglich sei

aus: Are you going to Scarborough Fair
(traditionelles englisches Volkslied,
übersetzt von Claus-Peter Lieckfeld)

Auf der Lüneburger Haide

Auf der Lüneburger Haide,
In dem wunderschönen Land
Ging ich auf und ging ich unter,
Allerlei am Weg ich fand;
Valleri, vallera,
Und juchheirassa,
Bester Schatz, bester Schatz,
Denn du weißt es weißt es ja.

Brüder, laßt die Gläser klingen,
Denn der Muskatellerwein
Wird vom langen Stehen sauer,
Ausgetrunken muß er sein;
Valleri, vallera,
Und juchheirassa,
Bester Schatz, bester Schatz,
Denn du weißt es weißt es ja.

Und die Bracken und die bellen,
Und die Büchse und die knallt,
Rote Hirsche wolln wir jagen
In dem grünen, grünen Wald;
Valleri, vallera,
Und juchheirassa,
Bester Schatz, bester Schatz,
Denn du weißt es weißt es ja.

Ei du Hübsche, ei du Feine,
Ei du Bild, wie Milch und Blut,
Unsre Herzen wolln wir tauschen,
Denn du glaubst nicht, wie das tut;
Valleri, vallera,
Und juchheirassa,
Bester Schatz, bester Schatz,
Denn du weißt es weißt es ja.

Als einer, der ungefähr da geboren wurde, wo Heide noch am heidigsten ist, am Nordostrand des norddeutschen Naturschutzparkes Lüneburger Heide, lernte ich ihre einschlägige Hymne gleich nach »Hänschen klein« und »Alle meine Entchen«: »Auf der Lüüüneburger Heide ...« von Hermann Löns. In meinem Fall von der vertriebenen Ostpreußin Fräulein Anneliese Tietze, die nach dem Zweiten Weltkrieg in Hanstedt mehreren Generationen von Heidjern das Lesen, Schreiben, Rechnen beibrachte. Vor allem aber das Singen.

Und durch dieses Lied gab es in meinem Kindskopf so etwas wie frühe Verwirrung, war es doch so, dass im Hermann-Löns-Lied das singende Ich von sich behauptete, »auf und unter« zu gehen. Wieso das? Warum, bei allen guten Geistern, geht da jemand unter und dann auch noch »... in dem wunn – derschönen Land«? Ich wusste damals nicht, dass die spätere Heidehymne vom Verfasser in Anlehnung an ein studentisches Ulk- oder sagen wir es gleich: Sauflied entstand. Einfangen kann man den seltsamen Text wohl dadurch, dass man sich das mit dem »auf und unter« als »rauf und runter« übersetzt. Dann offenbart sich Sinn: Den Heidewegen kann man im bewegten Relief nur folgen, indem man sozusagen die Höhenlinien wechselt – etwas, das in der norddeutschen Tiefebene ansonsten nicht angesagt ist.

Heidebauer beim Placken © Sammlung Freilichtmuseum am Kiekeberg

Später, als ich besser und mehr lesen konnte, erfuhr ich, dass es im Lied tatsächlich um ein »auf und unter« hätte gehen können, dass die Lüneburger Heide tatsächlich über die Jahrhunderte eine Landschaft des Untergangs war: für Menschen, die hier zu überleben versuchten mit dem, was die Erde hergab. Heide, ein Hungerland. Elendsrevier. Eine Strauchsteppe, die man, so man denn konnte, hinter sich ließ. Von einer französischen Reiseschriftstellerin des späten 19. Jahrhunderts stammt der Eintrag: Die Menschen der Gegend sind bettelarm, ernähren sich von Heidekraut und heißen Heidschnuck. Nicht exakt richtig, aber richtig gemeint.

Der Grund für das karge Leben liegt auf der Hand: Auf reinem Sand wächst kaum mehr als auf der flachen Hand; nur

Abtransport von Heideplacken © Sammlung Freilichtmuseum am Kiekeberg

Pflanzen der Kategorie Hungerkünstler und kaum, beziehungsweise nur recht kümmerlich, anspruchsvolle Feldfrüchte.

In meinen Kinderjahren, den Fünfzigern und frühen Sechzigern des 20. Jahrhunderts, sagten die Leute bei uns im Dorf noch »arm wie ein Heidebauer« oder – gewissermaßen die Steigerung nach unten – »arm wie ein Heidehauer«. »Heidehauer« ist ein fossilisierter Beruf, dessen Erklärung viel über die Heidebauernwirtschaft vergangener Jahrhunderte sagt. Also: Was ist (was war) ein Heidehauer? Einer, dessen Arbeit die buchstäblich gewordene Plackerei war. Heide wurde, wenn sie alt wurde und zu verholzen drohte, abgeschlagen und abgehoben: *abgeplackt*, mit einem Gerät, das dem Blatt einer mittig abgeknickten Plattschaufel gleicht.

Die Arbeit war hart, gefürchtet, berüchtigt und wurde nur denen zugemutet und aufgezwungen, die sonst keinerlei Einkommen generieren konnten. Meine Mutter sagte mir bisweilen: »Heidehauer kannst du immer noch werden ...«, etwa, wenn ich vor Lateinvokabeln oder dem einfachen Dreisatz verzweifelte und mir selbst androhte, das Gymnasium zu verlassen. Dass ich das Gymnasium in Winsen/Luhe dann doch nicht verlassen habe, mag auch mit dieser drohend in Aussicht gestellten beruflichen Zukunft zu tun gehabt haben. Jedenfalls hatte ich eine Ahnung davon, wie sich diese Knochenbrecherarbeit anfühlt.

Mein Heide-Privatlehrer, der pensionierte Volksschullehrer Richard Backhaus, der das sinnliche Vor-Ort-Lernen praktizierte, lange bevor es in einschlägigen Büchern (wieder)entdeckt und empfohlen wurde, dieser Richard Backhaus drückte mir eines Tages so eine Placke in die Hand. Wir standen am Rand des Töps, einer Heidefläche zwischen Hanstedt und Weseler Heide, meiner Indianer-und-Cowboy-Prärie. »Hier, mien Dschung, damit du mal 'ne Ahnung davon bekommst, wie hart die Heidjer hier früher so durchmussten.«

Ich schlug mit der geknickten Schaufelfläche zu und versuchte Heide samt Wurzelwerk abzuheben. Es misslang. Backhaus hob den Zeigefinger: »Und das hat nun einer den ganzen lieben langen Tag gemacht, Heide abplacken, so weit das Auge reicht.«

»Und warum?«

Das Abplacken war absolut notwendig, um die der Heide benachbarten Felder landwirtschaftlich nutzen zu können. In beschränktem Umfang brachte der »Abschlag« auch Material zum Dachdecken und zum Zäunebauen. Ein geringer, aber nützlicher Nebeneffekt.

Entscheidend wichtig war: Die abgeplackte »lange Heide« wurde zur »Streu-Heide«: In Ställen als Einstreu ausgebreitet – Stroh war Mangelware und wäre für Heidbauern zu teuer gewesen –, vermischte sich das trockne Kraut mit dem Kot der Schafe zu einem Düngersubstrat, das im Frühjahr auf die Felder ausgebracht wurde. Mit dieser Streu gelangte auch die dünne Humusschicht, die sich im Wurzelwerk der Heide befand, auf die Felder. Das System überlebte viele Heidjer-Generationen.

Doch das klappte nur, weil die Schnucken ihre Düngegaben nicht nur – was tagsüber geschah – über die weiten Flächen verkleckerten, sondern nachts konzentriert in den Ställen ablieferten. Genau das war der Hauptsinn und -zweck der Heide-Schafställe (Schnuckenställe), die später, als sie sich historisch schon fast überlebt hatten, zu heide-romantisch veredelten Hinguckern wurden.

Anneliese Tietze
© Archiv Gemeinde Hanstedt

In meinem Heimatkunde-Unterricht bei besagtem Fräulein Tietze klang das noch etwas anders: Die Ställe, sagte sie, waren notwendig, um die Schafe vor Wölfen zu schützen. Dumm Tüüch! Dummes Gerede. – Wölfe gab es über die Jahrhunderte in der norddeutschen Tiefebene fast immer nur wenige. Die wenigen konnte man vertreiben, lediglich im Dreißigjährigen Krieg, als Manpower überall fehlte, soll es Wolfsplagen gegeben haben. Heute erst sind wieder Wölfe auf niedersächsischen und brandenburgischen Heide- und Waldflächen unterwegs. – Die Schafställe waren Produktionsräume und Sammelstellen für Dünger. Mindestens in erster Linie.

Heidelandwirtschaft war verletzlich, aber über Jahrhunderte hinlänglich, jedoch nicht zur Gänze, resilient, wie man heute die Widerstandsfähigkeit eines Systems gegen Störungen nennt. Immerhin: Eine abgeplackte Fläche brauchte vier bis 24 Jahre, um sich als Heide zu regenerieren … so weit zu regenerieren, dass wieder Beweidung möglich war. Man kann also sagen: Heidelandwirtschaft war extensiv, hatte aber erheblichen Flächenbedarf. Auf den Äckern ernährte der Heidschnucken-Düngereinstreu im ersten Jahr Roggen, im zweiten Hafer und im dritten Jahr noch den anspruchslosen Buchweizen. Eine eng auf Kante genähte, aber lange funktionierende Dreifelderwirtschaft.

Die Heideflächen, auf die ein Bauer Zugriff hatte, mussten, um vermittels Einstreu und Düngerproduktion eine Heidbauernfamilie zu ernähren, relativ groß sein. Auch das ein begrenzender Faktor; denn ein Bauer, zumal dann, wenn er allein wirtschaften musste, konnte nicht beliebig viel Zeit auf langen Zu- und Rückwegen verbringen. Die Heidebauernwirtschaft begann zu kollabieren, als das Verhältnis Heide zu landwirtschaftlicher Ertragsfläche unverhältnismäßig wurde. Eh es final zu

Ende ging, versuchten die Heidbauern die Flucht in die Fläche: Immer mehr, immer größere Heide-Areale, um die Düngerproduktion aufrecht zu erhalten. Es gab noch einen anderen, wesentlichen Kipp-Punkt – zu dem kommen wir etwas später –, wegbrechender Nebenerwerb.

Man hörte noch bis vor nicht allzu langer Zeit eine andere Erklärung für die ehemalige Ausdehnung der lila Weite. Sie hörte sich so an: Um die Feuer unter den Salz-Siedepfannen in Lüneburg Tag und Nacht lodern zu lassen, wurde Norddeutschland so gut wie entwaldet ... und damit zur Wüstenei: sprich zur Heide.

Drei Gründe sprechen dagegen. Zum einen wären Abholzungsflächen nie und nimmer ohne die notwendigen, unterstützende Zupf- und Fressarbeit spezialisierter Schafe zu Heide geworden. Auch auf kargen Böden hätte Buschwerk und schließlich Wald übernommen. Zum anderen lässt sich anhand von Bodenproben belegen, dass viele nur Nur-Heideflächen schon etliche Jahrhunderte vor der Salzsiederei in Lüneburg bestanden. Zum Dritten schließlich weiß man, dass die Lüneburger ihr Flüsschen Ilmenau nutzten, um Holz in großen Mengen heranzuflößen, was allemal billiger, effizienter und bequemer war, als es lange Wege durch Heidesand zu karren.

Der schafsinnige Leser und die schafsinnige Leserin werden ungefähr hier beginnen, die Kompetenz des Referenten anzuzweifeln: Gilt nicht als gesichert, dass es seit mindestens 5000 Jahren Heide in der norddeutschen Tiefebene gibt, aber erst seit

Ausgedehnte Heidefläche süwestlich von Hanstedt im 18. Jahrhundert

Ausschnitt der Kurhannoverschen Landesaufnahme von 1776, Quelle: Landesamt für Geoinformation und Landvermessung Niedersachsen, © 2023 LGLN

knapp 1000 Jahren Heidbauern-Landwirtschaft – also *die* Form der Bodennutzung, die unsere Heide geformt hat?

Zur Erklärung ein didaktischer Rückschritt: Seit cirka 3000 vor Christus roden Menschen die natürlichen Traubeneichen/Buchen-Mischwälder der Tiefebene; was unter ihren Händen nicht Ackerland wurde, wurde Weideland – und das heißt auf mageren Böden: Heideland. Diese »Heide« darf man sich allerdings *nicht* so vorstellen wie das heutige Dargebot des Naturschutzparkes Lüneburger Heide, sondern eher als Strauch-Busch-Gras-Steppe mit mehr oder minder großen Anteilen von Besenheide-Flecken.

Zu der Heide, wie sie südlich von Hamburg noch in ansehnlichen Resten als Kulturdenkmal existiert, kam es erst vor 1000 Jahren, als die Heidbauern-Landwirtschaft erfunden wurde. Also, wie schon gesagt: Mit Placken, Einstreu, Düngung, Dreifelderwirtschaft. Seither gibt es dieses eigentümliche Kulturland.

Kulturland lebt so lange, wie es die sie prägende Kultur trägt. Dass die Heide als Flächenphänomen ihren kulturhistorisch fälligen Tod überlebt hat, steht auf einem anderen Blatt. Auch zu dem etwas später.

Stopp! Ich habe, was die Ertragsfähigkeit der Heide anbelangt, etwas unzulässig verkürzt. Grundsätzlich richtig ist zwar: Die Heide sorgte – über den Umweg der Düngung mit Schnuckenkot – für die notwendige Fruchtbarkeit des kargen Landes. Aber die Heide brachte auch noch etwas Zusatzeinkommen. Nicht viel, aber genug, um den Unterschied zwischen Verhungern und Überleben auszumachen. Da war, schon seit dem Hochmittelalter, die Heidehonig-Ernte (seit dem 16. Jahrhundert überwiegend in der Hand von Berufsimkern) und – heute vergessen und fast bedeutungslos – die Produktion von Bienenwachs, dem wohlriechenden Elixier für Kerzenzieher. Zu manch einer katholischen Messe in Bayern oder Schwaben brannten Heide-Wachskerzen aus dem kargen protestantischen Norden. Honig, Wachs, Lammfleisch und – bevor das Merinoschaf den Markt weltweit aufrollte – Schnuckenwolle konnten den Unterschied machen zwischen Hungerleider-Dasein und einigermaßen auskömmlichem Leben.

Dass die Heidbauern-Landwirtschaft – spätestens seit Ende des 19. Jahrhunderts – nicht mehr in der Lage war, ihren Mann und ihre Frau zu ernähren, hat auch damit zu tun, dass die genannten Zusatzeinnahmen wegfielen. Stearinkerzen verbrannten den Markt für Wachskerzen. Zum Süßen brauchte man, spätestens seit man aus Rüben Zucker kochen konnte, keinen Honig

Wanderimker mit »Lüneburger Stülpern« © Sammlung Eckart Brandt

mehr. Lammfleisch kam in ausreichenden Mengen von den Deichen und, seitdem es stabile, hochseetaugliche Kühlketten gab, spottbillig aus Australien und Neuseeland.

Eine Weile versuchten die Heidebauern noch gegenzuhalten, indem sie ihre Herden massiv vergrößerten – Lammfleisch bot immer noch akzeptable Erträge. Aber es passierte exakt das, was immer passiert, wenn austarierte Agrikultur-Systeme überdehnt werden. Sie schlingern und fallen mit Kollateralschaden um. Die Heide wurde überweidet, das Heidekleid scheuerte – bildlich gesprochen – durch, es entstanden Dünengebiete, wo zuvor noch Menschen, Schnucken und Bienen ein Auskommen hatten.

Die heidegestützte Landwirtschaft – und daran vermochte auch die aufkommende chemische Düngemittelproduktion nichts zu ändern – war Ende des 19. Jahrhunderts am Ende. Und die Heide, als flächenhaftes Natur- ... Halt, falsch! ... als flächenhaftes *Kultur*phänomen wäre fast verschwunden, bevor sich Retter auf die Beine machten. Aber das ist eine andere Geschichte, zu der wir gleich kommen werden. Für mich – ich denke mal, so viel Lokalpatriotismus darf sein – eine rühmliche Geschichte aus Deutschlands Norden.

Am Anfang war das Wort. Und es hatte seinen Grund. Es erklang im Totengrund bei Wilsede. Der genaue Wortlaut ist nicht übermittelt, steht in keinem Tagebuch. Aber es wird – wir folgen einfach mal Walter Brauns, dem dichtenden Biographen des genialischen Heidepastors Wilhelm Bode – ein Ausdruck tiefster Ergriffenheit gewesen sein. Anfang der Siebziger Jahre des 19. Jahrhunderts, Preußen hatte gerade »siegreich Frankreich geschlagen«, stand der Lüneburger Oberschüler Wilhelm mit seinem stadtberühmten Vater (ebenfalls Wilhelm) Bode am Rande des Totengrundes, und beide blickten in eines der schönsten Natur-Amphitheater Deutschlands: lila grundiert, nach den Gesetzen einer verborgenen Ästhetik mit schwarzen Wacholder-Säulen und Findlingen begnadet.

Bode junior war verzaubert und – was wichtiger war – gefangen. Gefangen im Sinne von verhaftet. Der Idee verhaftet zu retten, was noch zu retten war an Heidelandschaft.

Ob es genauso war? Frühe Bestimmung durch Elementarerlebnis? Zweifel sind erlaubt, aber ich darf kurz begründen, warum ich für stimmig halte, was der Biograph des Heidepastors aus frühen Bode-Tagebüchern herausgepresst hat. Mir ging es – etwa im selben Alter wie Bode, nur 90 Jahre später – genauso, oder sagen wir: ähnlich. Ich wurde im Totengrund verzaubert und auf eine Bahn gesetzt, die ich ein Leben lang nicht verlassen habe: Natur schützen. Und siehe, es geschah am gleichen Ort.

Ich war Jungpfadfinder im Hanstedter Pfadfinderstamm Wodans Ger. Wald- und Heidewanderungen waren genauso angesagt wie Kartenkunde und Lagerfeuermachen mit nassem Holz. Für die jährliche Pfingstfahrt hatten wir uns 1961 etwas Kühnes vorgenommen: im Totengrund, ohne die übliche Kothe (Hordenzelt) und nur im Schlafsack zu übernachten.

Den Weg von Hanstedt über den Töps, diese eigentümlichen Heide-Enklave, in die Spuren einer viel umrätselten Heerstraße

Blick in den Totengrund zur Heideblütenzeit im August

eingesenkt sind, über die lichte Weseler Heide, durch Undeloh, die selbsternannte »Perle der Lüneburger Heide«, dann den Wilseder Berg übersteigend bis in den Totengrund ... diesen Weg hatten wir mit so genannten »Affen«, unbequemen fellverkleideten Tornistern, und umgeschnallten Schlafsäcken hinter uns gebracht. Nicht der Weg, der war lang und mühsam, das Ziel war das Ziel: Totengrund. Eine Ortsbezeichnung, die sich ungefähr so raunend anhört wie Böcklins Toteninsel oder Travens Totenschiff.

Wir hatten am Heimabend davor auf Bauer Vicks Heuboden erzählt bekommen, dass der Totengrund Totengrund heiße, weil die Wilseder Bauern – in Ermangelung eines eigenen Friedhofs – durch diesen Talgrund ihre Toten nach Bispingen getragen hätten. Eine andere, wesentlich weniger ergreifende Erklärung: Der Grund sei so sandig, dass jeder labende Regentropfen versickert und deshalb die Erde zu tot sei, um etwas hervorzubringen.

Ich weiß nicht, ob wir die Fahrt in den Totengrund auch angegangen wären, wenn sie nicht verboten gewesen wäre. Im Naturschutzpark zelten, wenn auch ohne Zelt? Mindestens ein Leichtverbrechen, zumal Pfadfinder generell zum Lagerfeuermachen neigen.

Und da lagen wir nun im braunen Kraut auf den Rücken, den Sternenhimmel nach Vorzeichen absuchend; denn die aufgezogene Nacht sollte uns doch bitte schön tüchtig was flüstern, sonst hätte sich der lange Weg ja nicht gelohnt. Die Wacholder hielten »schwarz und schweigend Totenwache« (ein Bode-Plagiat). Totenwache für wen auch immer. Dann der Überflug eines Waldkauzes, etwa in die Richtung, die die Sargträger damals eingegeschlagen haben müssten. Ob der Kauz vielleicht der Geist eines Toten ... denkbar, wenn nicht gar wahrscheinlich.

Ich schlief rasch ein. Was enttäuschend war.

Bei Sonnenaufgang weckte mich Feuchtigkeit auf den Augenlidern. Der Grund war von unzähligen Spinnweben verhängt, in denen Tautropfen glitzerten. Alle anderen schliefen noch. Die Sonnenstrahlen, die sich durch den Waldrand oberhalb des Heidetals fingerten, und der Moment gehörten mir, ich habe sie nie wieder hergegeben. (Ich finde es übrigens außerordentlich feinfühlig, dass die alten Römer die Morgenröte als Geschenk einer Göttin namens Aurora genommen haben.)

Ich blinzelte, jemand blinzelte zurück. Vor mir stand auf Augenhöhe ein Fuchs, der nach nächtlicher Jagd seinen Weg geschnürt kam und nun einigermaßen erstaunt schien, dass der Pfad besetzt war. Er schaute, schnürte ein paar Schritte rückwärts und sprang dann keckernd ab. Der Totengrund lebte. Und ich bin mir sicher, dass mich die Heide, der Tau im Sonnenlicht und der Fuchs auf den Weg gebracht haben.

Wem »sowas« nichts sagt, der merke sich bitte trotzdem: Der Totengrund ist magisch. Ungezählt die mehr oder minder meisterlichen Farbkünstler, die hier hockten, um die Magie auf die Zweidimensionalität einer Leinwand zu reduzieren.

Minder meisterlich ...? Bode, der Heideretter, Schulinspektor, Bankgründer, Prozessbevollmächtigte, Wortmensch, Tatendurstige und Seelenhirte, hat sich in späten Jahren immer mal wieder über uninspirierte Künstler mokiert, die seiner Heide »mit dem Pinsel gelbe und blaue Flecken schlagen«. Spott war das Florett des Mannes, der sich im vorgerückten Alter noch prügelte, um seiner Ehre willen und um die einer Frau. Sie merken: Wir kommen an Wilhelm Bode nicht vorbei, wenn wir über das Naturschutzgebiet Lüneburger Heide sprechen. Wäre es da nicht gut, wenn wir uns auf den Weg machten, der nach ihm benannt ist, auf einen der schönsten Heidewege überhaupt?

Den Weg ist er einige tausend Male gegangen. Manchmal hat sich der Pastor, den sie den Heidepastor nannten, im Radenbach das Taschentuch befeuchtet, um sich die Heidsommerglut aus dem Gesicht zu wischen. Manchmal hat er sich den unfrommen Wilddiebhut in die Stirn gedrückt, um sich vor den Eiskristallen zu schützen, wenn sie flach und spitzig aus der Wilseder Wacholderheide herunterwirbelten.

Der Wanderweg durchs Herzstück des Naturschutzparkes Lüneburger Heide trägt zurecht seinen Namen: Pastor-Bode-Weg. Mit ihm verhält es sich nicht wie mit ungezählten Goethestraßen in architektonisch verwüsteten Siedlungs-Aglomerationen, von denen jede für sich genommen Dichter-Majestätsbeleidigung ist. Nein, der Pastor-Bode-Weg erweist seinem Namensgeber noch heute die Ehre. Eine begehbare Gedenkstätte.

Es gäbe diesen Wanderweg, es gäbe die umgebende Landschaft heute nicht mehr, wäre nicht Anfang des vergangenen Jahrhunderts diese wortmächtige Gestalt gewesen. Der Pfad wäre heute, auf landwirtschaftliche Normbreite gebracht, etwa die Zuwegung zu einer Maissteppe oder wäre zu einer Erschließungsstraße zu einem Zweitwohnungskomplex mutiert. Das blieb ihm erspart. Er zeigt sich heute fast noch so wie vor rund

Pastor-Bode-Weg © Helmut Penzlin

hundert Jahren, als der Egestorfer Gottesmann seinen barocken Schatten auf ihn warf.

Ich gehe den Weg gern zur Unzeit. Bei Regen und in atlantischen Wolkenbrüchen. Hoch-Zeit indes sind die Spätsommer-Wochenenden: Heideblüte, wenn das lila Zauberkraut Bienen und Touristen anzieht und jeder Wacholder – von grinsenden Selfie-Gesichtern verhöhnt – Modell stehen muss.

An solchen Tagen kriegt man dem guten Geist der Heide nicht vors innere Auge, keine Spur von Pastor Bode. Aber heute stehen die Chancen gut. Der Himmel hat Bodenkontakt, ein kurzatmiger Wind zerfleddert den grauen Duschvorhang, der von Nordwest, vom Meer her, eingezogen wird. Der Pastor-Bode-Weg verbindet, gut sieben Kilometer lang, die beiden wesentlichen Lebensstationen seines Namensgebers: Egestorf und Wilsede,

Schneverdinger Pietzmoor mit Wollgras

Kanzel und Heide. Sinnvollerweise wandert man Lebenswege in Verlaufsrichtung. Also: Ausgangspunkt Egestorfer Kirchplatz.

Hier erinnert ein Denkmal an den großen Sohn der Heide, der von sich sagte »Ich bin kein Pfaff«. Nur eine Gehminute entfernt die Sparkasse, deren Gründung und Betrieb er veranlasste. Sie war Teil von der Bode'schen inneren Mission gegen die würgende Heidbauern-Armut, genau wie sein Vieh-Versicherungsverein. Und wenn es vor dem Winsener Amtsgericht mal um mal um Mark und Pfennig oder Zahlungsaufschub für Zahlungsunfähige ging, wechselte Bode von der Kanzel vor Justitias Schranken. Darauf angesprochen soll er gesagt haben: »Eine Gemeinde, die von ihrem Pastor wenig erwartet, die schläft.«

Als Bodes Kirchenoberen zu mäkeln begannen ob der geistlichen Einmischung in weltliche Dinge, warf ihnen der gebürtige Lüneburger die Heilige Schrift ins Winsener Kirchenkontor, will sagen: konfrontierte sie mit Jesu Beispiel, der den Hungernden nicht das Manna nach dem Tode versprach, sondern es pronto und analog vom Himmel regnen ließ.

Die kleine Steinbrücke, die südlich von Sudermühlen die Schmale Aue überspannt, steht noch, dort, wo sich das schönste Heideflüsschen Niedersachsens glucksend von links nach rechts ins Bett wirft. Ein Bohlenweg, den gab es zu Bodes Zeiten noch nicht, quert ein paar hundert Meter weiter westlich das Radenbachtal.

Zwischen Schmaler Aue und Wilseder Wacholderheide zieht der Pastor-Bode-Weg, changierend zwischen Schilfbraun und Wiesengrün, seine Lebenslinie. Jenseits des kleinen Tales dehnt sich dann eine der schönsten Heidflanken der Welt – die Wilseder Wacholder-Heide.

Ach, Wacholder!

Ehe ich in seiner Beschreibung dilettiere, gebe ich lieber dem Pastor das Wort: »Er rauscht nicht wie andere Bäume. Still steht er da, ein natürliches Gedenkmal, eine Schildwache des Todes. Unsere Vorfahren meinten, Nixen und Elfen wohnten in dem Baum. Dem feinsinnigen Geschlecht galt es als Todsünde, ihn mit dem Beil zu fällen. Die Wacholdergruppen geben, bald einzeln, bald in förmlichen Waldungen vereint, der Landschaft ihr eigenes Gepräge, welches noch von Schritt zu Schritt wieder wechselt, denn hier sind sie bizarr und urkomisch in ihrer Unregelmäßigkeit, dort wieder schlank und licht wie Pinien, die unter der Schere des Gärtners gehalten werden.« – Ich weiß nicht, ob Bode es wusste; für alle Fälle eine kurze Ergänzung: Die »bizarr und urkomisch unregelmäßigen« sind weibliche, die »schlank und lichten« männliche Wacholder ... das ist keine typisch männliche Sottise, das ist wirklich so.

Es waren auch diese »Schildwachen des Todes«, die Bode mahnten, sich für das Überleben einzusetzen – für das Überleben eines Landschaftstypus, dessen Zeit mit absterbender Heidelandwirtschaft auslief.

Zuvörderst gerettet werden musste der Totengrund, dem Überbauung drohte und der – das wurde Bode schnell klar – nur durch Kauf zu retten sein würde.

Wilhelm Bode Hermann Reichling © LWL Medienzentrum für Westfalen

Welch ein Stellungskrieg! Wie viele taktische Rückzüge und Finten – ja, auch die! –, bis der erste Mäzen der Heide, der ziemlich liquide Münsteraner Jura-Professor Andreas Thomsen, den Kaufvertrag über die Keimzelle des künftigen Parks in Händen hielt.

Pastor Bode trieb die Kunst des Bettelbriefes im ersten Jahrzehnt des Jahrhunderts zur Hochblüte. Es durfte ja nicht beim Totengrund bleiben, auch der Wilseder Berg und sein heidiges Umland waren bedroht.

Schließlich entwickelte sich ein Sog zugunsten der Heide, die inzwischen Fürsprecher mit Gewicht hatte. SM II, seine kaiserliche Majestät Wilhelm der Zweite höchstselbst, genehmigte eine reichsweite Lotterie, die den nötigen Geld-Grundstock für weiteren Flächenankauf bot. Der 1909 gegründete Verein Naturschutzpark wurde zum Planungszentrum und zur driving force für die Parkerweiterung. Der Hamburger Großreeder Albert Ballin zog im Preußischen Landtag ein paar wichtige schwarz-weiß-rote Fäden. Und unser Pastor bewegte sich stets im Zentrum des Kraftfeldes. Und war damit nota bene auch Zielscheibe.

Die Heidjer, einige zumindest, hatten bisweilen das Gefühl, der Gottesmann nähme ihnen ihre ureigene Sache, ihr Land, aus der Hand, führte sie bei Bier und Korn wortgewalttätig hinters Licht, um einer völlig unverständlichen Sache willen, für die es nicht einmal ein plattdeutsches Wort gab: Naturschutz.

Bodes einheimische und auswärtige Gegner organisierten einen »Rechtsschutzverein der Heidesiedler von Hamburg und Umgebung«, der sich bald, als die Zugkraft der Naturschutz-Idee spürbarer wurde, in »Volksbund für Naturschutz in der Lüneburger Heide« umbenannte.

Ein altes Muster: Täter nennen sich Wohltäter. Der Räuber nennt sich Gendarm. Bode hatte – vielleicht darf man das wegen des Stellungskrieges um jeden Quadratmeter Heide ausnahmsweise einmal militärisch ausdrücken –, Bode hatte zwei starke Flügeladjutanten: Links den durch und durch plattdeutschen Weseler Bürgermeister, den Charakterriesen Peter Rademacher, genannt »Peter von Wesel«, einen, der jeden Baum und vor allem jeden Stammbaum im Heideland kannte, und rechts den Winsener Landrat Friedrich Ecker, einen Volljuristen, eloquenten Politiker, Verwaltungsfachmann, der konnte, was Bode nicht konnte: Diplomatie.

Dieses Dreigestirn bündelte sein Licht zu einem Leitstern; und wie weiland der Stern über dem Stall mit der Krippe leuchtete er wegweisend über den Schnuckenställen auf der Hohen Heide.

Und: Es gab da auch ein Kind in der Krippe. Einen Jungen. Aber ob nun Bodes Langzeitbeziehung zu einer jungen, unglücklich verheirateten Wilsederin namens Dora nur eine solche »von liebender Fürsorge« war – so jedenfalls schwurbelt Bodes Biograph Walter Brauns –, oder ob ... ach, lassen wir das!

Anderes »Fehlverhalten« – erfundenes und gefundenes – stand im Raum: Bode vernachlässige sein Pastorenamt in Egestorf, sei nur noch Heidebeauftragter und juristischer Beistand armer Leute, so das Kirchliche Konsistorium zu Winsen. Das kostete ihn 1923 schließlich das Amt. Er wurde vom Konsistorium der Evangelisch-Lutherischen Landeskirche Hannover regelrecht von der Kanzel gestoßen. Der Mann, der mit seinen Predigten die kleine Egestorfer Feldsteinkirche immer wieder an den Rand des Einsturzes brachte, weil zu viele ihn gleichzeitig zuhören wollten, so einer ... gestürzt, entamtet, verjagt.

Aber nicht gebrochen. Die restlichen vier Lebensjahre verbrachte er als Privatier in Wilsede, immer noch dem Heideschutz gehörig und verschrieben, ungebrochen wortmächtig, witzig, alleinunterhaltend, unaufhaltsam wie eine Gewitterfront, lebendes Pilgerziel zeitgenössischer Naturschützer. Ein Magnet, der schon zu Bodes Lebzeiten Anziehung bewirkte.

Seine Asche verstreute 1928, nach einjährigem Zwischenlager in der Urne, sein Sohn auf dem Wilseder Berg, und das, dem

Wunsch seines Vaters entsprechend, »in alle vier Winde«. Bei starkem Wind könnte allein schon *ein* Wind das Unterfangen zu einer Art Selbstbestäubung gemacht haben.

Allein auf sich gestellt hätte Bode die Rettung großer Heideflächen nicht stemmen können. Aber *ohne* ihn hätte es hier ziemlich sicher nichts mehr zu retten gegeben. Ein guter Zufall hatte ihn hierhin in die Nordheide gestellt. Und wäre ihm nur die geistliche Beweidung seiner Egestorfer Schäfchen ein Anliegen gewesen, die Heidschnucken wären nicht mehr da, wo sie heute nicht mehr als Nutz-, aber als Schutztiere unterwegs sind.

Und die Heide blüht immer noch, großflächig. Jeden Spätsommer, einmal mehr und häufig (Klimawandel?) weniger.

Wobei »Heide« ... wie sage ich das, ohne allzu sehr ins Definitorische, ins Lexikalische zu verfallen? ... wobei »Heide« nicht eindeutig ist. Heide bezeichnet zum einen diese eigentümliche Großlandschaft, geprägt von der gleichnamigen Pflanze: Heide, genauer Besenheide (Caluna vulgaris). Aber (Lüneburger) Heide ist auch die Bezeichnung für ein großes Stück Deutschland – nördlich von Hannover und südlich von Hamburg; so gesehen ist halb Niedersachsen (Lüneburger) Heide, ein Großraum, auf dem es nur noch kleinfleckenweise wirklich Heide gibt. Und schließlich war Heide – immer schon – ein Anderwort für Ödland. In der Hochliteratur ist Heide die Landschaft der Wege- und Ausweglosigkeit. Wo irrt Shakespeares *König Lear* umher, taumelnd zwischen Selbstmordgedanken, Verzweiflung, Reue und Wut? Über die Heide.

Wacholderheide bei Wilsede © Lüneburger Heide GmbH/Ostermann

Unsere Wanderung auf Bodes Spuren und dem Weg, der seinen Namen trägt, war nicht allzu lang, kann sich aber, etwa bei Heidsommerglut im August, ganz schön ziehen. In der Gaststätte gegenüber dem Wilseder Heidemuseum könnten wir unsere Entdeckertour bei Bier oder Buchweizentorte beschließen. Es gibt da übrigens ein kleines Hinterglasbild, das den Pastor zeigt. Trinken wir doch, am Tisch davor, auf sein Angedenken! Oder erlauben wir uns – die Bilder von Hoher Heide leuchten noch kräftig nach – eine kleine Abschweifung in die Ästhetik des Naturschönen.

Warum ist Heide eigentlich schön? Man kann drüber rätseln, warum sie, unter vielen schönen Landschaften, so gern gesehen ist. Und vielleicht – das sage ich mit Fragezeichen und mit Bedacht – vielleicht gibt es ja so etwas wie ästhetische Konstanten, will sagen: Grundmuster der visuellen Rezeption, die uns die Wirkweise des Naturschönen ein Stück weit erklären. Wissenschaftler, die sich in den Achtzigern mit ungefähr dieser Frage beschäftigten, hatten einer repräsentativen Gruppe von Menschen Bilder verschiedener Landschaftstypen vorgelegt. Am besten punkteten Landschaften, die Weitblick erlauben, aber doch ausreichend viele Anhaltspunkte aufweisen – Bäume, Felsen, Hügel, Wasserflächen. Parklandschaften und besonders der Typus Englischer Garten erfüllen dieses Kriterium. Man muss nicht groß abstrahieren, um zu dem Schluss zu kommen, dass auch die Heide, besonders die Wacholderheide, diesem Idealbild entspricht. Weite, in der sich das Auge nicht verliert, Nähe, die nicht den Blick verstellt.

Eine andere Erklärung (die für meinen Geschmack etwas reichlich weit unten am Stammbaum von Homo ansetzt) besagt: Wenn wir mit liebendem Blick die Heide streicheln, räkelt sich in uns der Vorläufer von vor zighunderttausend Jahren, der in der afrikanischen Savanne unterwegs war: Hier konnte er weit schauen, auf Distanz Beute, aber auch Feinde erblicken und fand doch genug Deckung. Demnach hätte unser heutiges »Ja« zur aufgelockerten Weite á la Heide Wurzeln in der Umwelt unserer frühen Vorgänger. Schön war, was gut war. Und es bleibt schön, auch wenn die existenzielle Begründung seit Hundertausenden von Jahren nicht mehr existiert.

Beiden Erklär-Ansätzen kann man folgen oder auch nicht. Unzweifelhaft war für mich immer die Zaubermächtigkeit der Heide. Etwa in den Tagen, als es noch Winter gab und die Wacholder weiße Schneebärte in den Wind hielten. Oder in Heidsommerglut, wenn Kiefern einen Duft von Harz und irgendwas unter den Himmel hängten, einen Himmel, über den die atlantische Wolkenstraßen von Ostende bis Berlin führten. Oder im November, wenn die Heide grau verschleiert die Morgendämmerung bis in den Abend trug. Oder im Frühjahr, wenn Wollgrasflocken an den Moorrändern tanzten.

Als Kind und junger Jugendlicher habe ich immer wieder – oft mit Erfolg – versucht, mich auf der Heide zu verirren, was nicht leicht ist für einen, der sich ganz gut auskennt. Aber durch eine weglose Unendlichkeit zu irren, meine eigenen Tagträume an Birken und Vogelbeerbäumen aufzuhängen, mich fühlen wie steuerlos auf hoher See, durch Heidewogen driftend ... das ging mir damals tiefer als Winnetous Tod und der Untergang der Pamir (September 1957).

Ich höre mich noch, wie ich dunkel raunend zu mir selbst sage: »Das da am Horizont müsste der Tütsberg sein. Wenn mich nicht doch noch das Schicksal ereilt, erreiche ich noch vor der alles verschlingenden Nacht bewohnte Gegenden ...« Kleiner Hinweis der praktischen Art: Am besten gelingt das Sich-Verirren bei Nebel oder nachts. Es lohnt sich!

Ähnlich abenteuerlich und womöglich noch einen Tick gefährlicher waren meine Heide/Moor-Expeditionen. Ehrlich gesagt gibt es auf der Heide, die zu meinem unmittelbaren Indianer- Streifgebiet gehörte, auf dem Hanstedter Töps, keine großen Moorflächen. Aber als Kind braucht man keine weiten Areale zur Selbstverzauberung. Das kleine Heidemoor – eher ein Sumpf, entstanden aus einer Kette zuwachsender Fischteiche westlich von Dierkshausen – war für mich Moor genug. Diese amphibischen Augen im braunen Gesicht der Heide versprachen Einblick ins Ganz-Andere.

Hier wohnte der Moor-Trecker (trecken = plattdeutsch für ziehen), jener Heidegeist, der Leute, die sich in sein Reich begeben, erst ins Moor und dann unter Wasser zieht. Und obwohl es hier viel anderes zu bestaunen gab, Mosaikjungfern zum Beispiel, die real sind und phantastische Zickzack-Flieger, oder Rohrkolben, die wir Kinder »Kattenklopper« nannten, hat mich zu den Heidemoorlöchern überwiegend der Moor-Trecker hingezogen.

Ob er wirklich ...? Ich band mir ein Tau um die Hüfte, das ein wenig herrenlos auf Scheerns Scheune herumlag, das andere, das freie Ende, befestigte ich an einer Birke, die sich halbwegs über die kleine dunkelbraune Wasserfläche beugte. Auch die wagemutigsten Helden und Expeditionsführer – zum Beispiel die aus meiner Kinderzimmer-Leseecke, Edmund Hillary und Sven Hedin – mussten sich absichern. So auch ich.

Meine Reise in die schauerliche Tiefe der Grundlosigkeit verlief ziemlich unspektakulär und ohne die erhoffte Angstlust-Attacke. Man sackte ein, ja, das schon. Aber das Tarzan-Gefühl, zum Beispiel im Pfeilregen frei schwebend an einer Liane hängend, stellte sich nicht ein. Nur eine Ledersandale war anschließend abgängig. Ich hatte Mühe zuhause zu erklären, wieso nur eine fehlte.

Meine Erlebnisse in Totengrund und Heidetümpel, meine Streifzüge als Steinzeitjäger und Indianer durch meine Tagtraum-Prärie machen mich – in der Rückbesinnung – nachdenklich. Wie wird das mit den Kindern und Jugendlichen des 21. Jahrhunderts, denen Kicks digital verabreicht werden, die keine Spiel-Angstlust kennen, vielleicht nur die, dass es ein neues *game* nicht bringt oder eine App nicht läuft? Werden diese armen Kerle und Kerlinnen schützen, was sie nicht kennen? Wird für sie das Aus für die Heidelerche oder die Gebänderte Heidelibelle mehr bedeuten als das Aus für eine Netflix-Serie, der ja eine neue folgt? Der Antrieb von Naturschützern war und ist auch Verlustangst. Davon sind die Jetzigen und Künftigen frei. Sie kennen nicht, was von Verlust bedroht ist.

Ich weiß, das klingt schon heftig sentimental. Aber die Heide hat so viel Sentimentalität heraufbeschworen – man denke nur an die Heide-Heimatfilme der Fünfziger- und Sechzigerjahre –, dass diese meine Träne sicherlich schnell im Meer kommerzieller Tränen verschwindet.

Pardon, nun bin ich ein paar Windungen weit vom Pastor-Bode-Weg abgekommen. Aber das macht nichts, Bode ist immer noch und überall in der Heide gegenwärtig. Wir treffen ihn wieder.

Im protestantischen Norden hat man es nicht so mit Schutzheiligen. Aber für uns damals Zwanzigjährige war Ende der Siebziger Wilhelm Bode so etwas wie Ahnherr und Schutzheiliger, als es darum ging, 1979 die Initiative Grundwasserschutz Nordheide (IGN) auf die Beine zu stellen. Die Hamburger Wasserwerke (HWW) beantragten 1971 eine Entnahmemenge von 37

Millionen Kubikmeter Grundwasser jährlich. Es gab willfährige Kommunalpolitiker, die zustimmten, ehe auch nur über die Folgen nachgedacht worden war. Und, ich bitte um Nachsicht für diese Selbststilisierung: Es gab uns.

Wir, das waren zu Anfang nur ein Techniker des NDR, ein ehemaliger Hamburger Kaufmann, ein Industriemanager, später Gemeindebürgermeister von Hanstedt und … noch einer, der gerade anfing, vom Schreiben zu leben. Wir wussten – gestützt auf kritische Gutachter –, dass die Heide, so wie sie bis dahin bestand, den Eingriff nicht unbeschadet überleben würde. Insbesondere die Feuchtgebiete und kleinen Gewässer, die die Landschaft erst großartig machen, würden verkümmern.

Wir verklebten ungezählte Male – angelehnt an den Atomkraft?-Nein-Danke-Button – den Aufkleber »Lüneburger Wüste? Nein DANKE!« Dazu das Gesicht eines ratlosen Kamels. Die Banderole »Nur Säuglinge lassen sich trockenlegen« war sicherlich südlich von Hamburg die meist fotografierte jener Tage. Wir organisierten Vorträge, darunter viele fachliche, beherrschten bald die Schlagzeilen der Lokalpresse, organisierten Demonstrationen, sammelten Unterschriften, sprachen unablässig vom großen Schlag ins Grundwasser, schmiedeten Allianzen mit Vertretern aus anderen Groß-Entnahmegebieten, etwa dem Vogelsberg, der von Frankfurt ausgesaugt wird, stellten die Sprecher der Hamburger Wasserwerke, wo immer sie sich blicken ließen, entlarvten ihre Lieblings-Schutzbehauptung von den »trennenden Stockwerken«, Trennschichten, die angeblich dafür sorgten, dass unten beliebig viel abgepumpt werden kann, ohne dass oben etwas passiert. Wir fluteten die Briefkästen der Heidjer mit Flugblättern, zogen schließlich unter dem Namen UNS (Unabhängige Nordheide Stimme) in Dorf- und Kreisparlamente. Die IGN war zeitweise bekannter als örtliche Wählergruppierungen. Und einer, später ein Chef bei der Telekom und noch später Hanstedter Bürgermeister, wurde zum Rundum-Experten in Sachen Grundwasser und Grundwasserschutz. Ich habe immer ... ja, es grenzt an Feindesliebe ... die Jungs von den Hamburger Wasserwerken bemitleidet, die gegen unseren Gerhard antreten mussten.

Es wurden dann, ab 1974, »nur« 25 Millionen Kubikmeter per annum abgepumpt, eine Gesamtmenge, die angesichts offensichtlicher Schäden in den Achtzigern auf 15 bzw. 16 Millionen gesenkt wurde. Kleine Siege.

Es kam dennoch zu den vorhergesagten Setzungsschäden an Häusern. Ein Seitenarm der Seeve und der Oberlauf der Este fielen trocken. Beides Gebiete, bei deren Beschreibung zu ihren Lebzeiten immer die Worte »Perle« und »Kleinod« aufblitzen. Ein Trichter von 700 Quadratkilometer Größe ließ sich eindeutig als Grundwasser-Absenkungstrichter identifizieren. Die Wasserstände der Heidebäche und –flüsschen sanken. Kleine Feuchtgebiete verschwanden: »Es ist nicht immer schön, recht zu behalten ...« sang in den Siebzigern der Liedermacher Dieter Süverkrüp.

Der Kampf ums Heidewasser währt nun schon länger als der Dreißigjährige Krieg. Und er ist für die Heide und den Naturschutzpark, an dessen Grenzen sich die meiste der aktuell 38 Tiefbrunnen befinden, nicht gewonnen. Hamburgs Begehrlichkeiten und die generelle, vom Klimawandel beförderte Wassernot münden in ein und dieselbe Forderung: Mehr vom selben!

In einer Hinsicht hatte es Heideschützer Bode besser als Heideschützer dieser Tage: Seine Gegner existierten körperlich, waren Bodenspekulanten und Fortschritts-Adepten, waren sichtbar, fassbar, besiegbar. Heute schlägt der Hauptfeind von oben zu, ist nicht fassbar, nicht sichtbar und mindestens derzeit nicht besiegbar. Die Rede ist vom Stickstoff-Eintrag aus der Luft. Regneten vor Beginn der Industrialisierung noch um die 4 kg pro Hektar und Jahr auf den Heideboden, bringt Regen heute per annum um die 22 kg pro Hektar: Stickstoff, der aus landwirtschaftlicher Düngung, Industrie und Verkehr stammt.

Stickstoff im Übermaß setze der Heide nicht direkt zu, aber indirekt und effektiv. Er führt zu – aus der Sicht der Heide gesehen – bedrohlichem Wachstum von Gräsern, Stauden, Bäumen. Die Heide, ein ausgesprochener Hungerkünstler, wird schlicht über den Haufen gewachsen.

Ich erinnere mich, dass es schon in meinen Kindertagen in den Fünfzigern und frühen Sechzigern in unserem Heidedorf – die Heide wurde nach Kriegsende 1945 gerade von Hamburgern als Naherholungsgebiet wiederentdeckt – nach feuchten Sommern hieß: »Dat gift all wedder so 'ne Schmielen-Blüte!« Ich meinte damals, damit wäre wohl so etwas wie »Schmier-Blüte« gemeint – was immer das sein mochte. Gemeint war, und das weiß ich erst heute, die Gelbe Drahtschmiele. Ein Gras, das bei entsprechender Stickstoffdüngung (eingeschwemmt von oben durch den Regen) die Heide zuwachsen kann. Was bei Normalblüte einen wunderbaren Farbkontrast gibt – Lila mit zartgelben Rändern – ist dann: Gelbes Meer mit lila Inseln. Unbeliebt!

Konnten früher Schnucken, die einzigen Weidetiere, die Heidekraut verdauen können, die Heide durch Verbiss wuchskräftige und grüne Konkurrenz vom Leibe halten, sind sie bei 20 kg (und mehr) Eintrag von Stickstoff pro Hektar allein auf weiter Flur und außerstande, große Flächen frei und lila zu halten.

Halt! Ehe ich sträflich verkürze: Auch die Heidennutzer früherer Jahrhunderte verließen sich nicht ausschließlich auf scharfe Schnuckenzähne und die legendäre Verdauungsleistung der Mufflon-Verwandten; sie unterstützten das Fortleben der Heide auch immer wieder einmal durch gezieltes Abbrennen von Teilflächen und (wie schon gesagt) durch regelmäßiges Abplacken. Aber die Schafe machten den Top-Job bei der Heidepflege.

Und heute? Der Verein Naturschutzpark (VNP), der 2022 rund 5500 Hektar naturgeschützte Heide bewirtschaftet – nicht um Menschen satt zu bekommen, sondern damit sich Menschen sattsehen können – wäre mit seinen derzeit über 9000 Schnucken, verteilt auf 13 Herden, allein auf verlorenem Posten. Es muss im großen Stil gebrannt, gemäht, geschoppt und geplackt werden. Und natürlich nicht mehr in knochenbrechender körperlicher Arbeit, sondern maschinell.

VNP
VEREIN NATURSCHUTZPARK LÜNEBURGER HEIDE

Für das Brennen gibt es Experten, die altes Wissen durch viel neues »feuer-ökologisches« ergänzt haben, so dass kontrolliertes,

Leben schonendes »Flämmen« gelingen kann. Was das Mähen, Schoppen und Placken anbelangt: Dabei handelt es sich um »unterschiedlich eingriffige« und verschieden tief greifende Reduzierung bzw. Beseitigung der alten Heidekrautschicht. Der Boden ist nach Schoppen (bis auf die Wurzeln kurzschneiden) und Placken wieder nackt, mager und empfängnisbereit für neue, frische Heide. Heidegenießer, die sich angesichts der Pflege-Wunden gruseln, sind mal um mal angenehm verblüfft, wie schnell die Heide hier – schöner als zuvor – zurückkommt.

Um die Dauerrettung leisten zu können, gibt der VNP jährlich allein für das Heide-Abplacken pro Hektar zwischen 4000 und 7000 Euro aus. Wenn und wo selbst Maschine und Schnucke nicht mehr gegen die natürlichen Feinde der Heide ankommen, wird »entkusselt«: Aufsprießende Bäume und Büsche werden gezielt und in teurer Handarbeit entnommen.

Ich verharre. Will der Heidewanderer von dieser Mühsal der Ebenen überhaupt wissen? Geht es ihm nicht eher wie dem Besucher eines Botanischen Gartens, den der Schweiß der Gärtner, riebe man ihm den in pädagogischer Absicht unter die Nase, nur beim Erschnuppern der Blütendüfte stört?

Ich weiche der Frage aus und gehe in die Hocke. Genau und selber hinschauen macht ungemein Spaß. Und ich frage mich: Was ist das eigentlich: Heide?

Was da zur Heide-Blütezeit im Spätsommer in rosa Büscheln strauchartig zusammenwächst ist Besenheide, die einzige Art der unheimlich artenreichen Familie der Heidekrautgewächse

(*Ericaceae* oder Erika-Gewächse), die der Gattung Calluna angehört. Also ausgerechnet die prägende, die namengebende Pflanze der Großlandschaft Heide heißt mit ihrem lateinischen Namen nicht Erika, obwohl das braun-deutsche Liedgut das anders sieht bzw. hören lässt: »... auf der Heide wächst ein schön's Blümelein und das heiß Eeee-rika.«

Und gleich noch eine Korrektur: Heidekraut ist kein Kraut, sondern, wie der Botaniker weiß, ein »verholzender immergrüner Zwergstrauch«. *Nur* ein Zwergstrauch? Es gibt keinen Grund, ihn kleiner (er kann maximal einen knappen Meter erreichen) zu machen als er ist. Und noch eine weitere Korrektur: Man liest, Heide könne *nur* auf ausgesprochen mageren Böden gedeihen. Das stimmt so nicht. Sie kann sich sehr wohl auch auf fetten Böden einwurzeln, sofern man ihr die Konkurrenz vom Pflanzenleib hält. Auf Sandböden setzt sie sich nur deshalb durch, weil sie hier als Hungerkünstlerin-bei-Bedarf Vorteile gegen fast jede andere Pflanze hat. Sie hat hier ihr Optimum, weil sie in Sachen Genügsamkeit konkurrenzlos ist.

Um gleich noch ein weiteres Optimum nachzuschieben: Zuckerproduktion! Die vulgäre Caluna liefert Nektar, der 24 % Zucker – überwiegend Saccharose – enthält. Heruntergebrochen ganz nach unten bedeutet das: Jede einzelne Blüte produziert am Tag durchschnittlich 0,12 mg Zucker. Wer sich die fast unvorstellbar große Zahl der Einzelblüten vorstellt, die sich, sagen wir, an einem guten Tag im späten August im Naturschutzpark Lüneburger Heide der Sonne entgegenreckt, der kann nicht um hin, eine gigantische, naturbelassene Zuckerplantage zu erkennen.

Die rosafarbenen Blüten, von acht Staubblättern gebildet, sind ein bis vier Millimeter klein und verlangen einfliegenden Bienen und den Ockergelben Blattspannern (Faltern mit einem Faible für blühende Heide) einiges an Feinarbeit ab. Besenheide unterscheidet sich von den verwandten *Erika*-Arten durch Kleinblätter, die wie eingerollt aussehen und gegenständig angeordnet sind. Gegenständig heißt, jeweils ein Paar steht sich aufrecht am Stängel gegenüber. Warum die Atemöffnungen der Blättchen durch hauchfeine Haare geschützt sind, wissen auch die Experten nicht wirklich … irgendeinen evolutionären Vorteil wird es schon haben. Jede Blüte bildet, wenn sie nicht zuvor von Schnuckenzähnen zermalmt oder Heideliebhabern gepflückt wird, eine Samenkapsel mit vielen Samen aus.

Aber Heide kann auch anders; sie ist nicht auf Gedeih und Verderb auf Bestäuber angewiesen. Sie kann sich auch vegetativ vermehren, will sagen über Wurzelausläufer im Nahbereich. Und

Calluna vulgaris – die Besenheide

wenn es ganz hart auf hart kommt ... wenn Biene und Co. ausbleiben ... kann sich Besenheide auch windbestäuben lassen. Sie kann vieles: Nur mit Überfluss und reichlicher Ernährung kommt sie, wie schon gesagt, nicht klar.

Besenheide aus: Prof. Thomé (1885) Flora von Deutschland und der Schweiz

Besenheide ist beliebt. In Deutschland ziemlich, im Norden Großbritanniens sehr. So sehr, dass sie auswandernde Schotten mit in die neue Heimat nach Kanada nahmen, wo Besenheide als Neophyt (als eingeschleppte Art mit hohem Verdrängungspotential gegenüber einheimischen Pflanzen) nicht so beliebt ist.

Heide ist auf der ganzen Welt anzutreffen – nicht immer großflächig, oft nur strauchweise. Mich hat die fast sechs Meter hohe Baumheide auf den Kanaren buchstäblich umgehauen. Ich wollte auf Teneriffa eine Durchschlupf finden, um einen Ausblick in eine vom Meer umtoste Bucht zu haben, und wurde von so einem Heide-Baum, während ich den Sucherblick in die Ferne gerichtet hielt und wegen Schirmmütze nach oben keinen Sichtkontakt hatte, zu Boden geworfen.

Wer die ganze floristische Vielfalt – oder zumindest einen erheblichen Ausschnitt – von Heide entdecken will, sollte (... ich weiß, ein fragwürdiger Tipp in Zeiten der Flug-Scham) das Westkap von Südafrika durchwandern. Eine bemerkenswerte Teilmenge der weltweit 830 Erika-Gewächse wird hier vom Seewind gebürstet, der über den Indischen Ozean kommend auf Land trifft. Heideblüten in allen Farben, von schwach rosa bis tief blau.

Eine eigenartige Ausprägung von Heide findet man auf Korsika, nicht nur dort, aber dort besonders: Die Erdbeerbäume (eigentlich Büsche) sind Bestandteil der Macchia, der mediterranen Strauchsteppe. Die Blüten der Erdbeerbäume sind Bienenweide, wie die der Besenheide. Der Honig, der aus ihrem Nektar entsteht, ist nichts für den Massengeschmack: süß nur ahnungsweise, eher herb bis leicht bitter. In einem korsischen Lied, das man mir bei einer Wanderung ums Cap Corse übersetzt hat, ist sein Geschmack »Le goût de l'amour et de la vie«. Also anfangs eine Spur von Süße – und das auch nur gehaucht ... dann aber das Leben schlechthin: herb!

Das Heideland schlechthin – das darf ich auch als voreingenommener Heidjer nicht in Abrede stellen – ist Schottland. Keine Pflanze ist so in Landesgeschichte, Kultur, Liedgut, Literatur und Tradition eingewachsen wie diese herbe Schöne. Ein Gedicht des Nationaldichters Robert Burns, das noch heute jedes Schulkind zwischen Lake District und Cape Wrath singen lernt, begrüßt den Spätsommer mit den ikonografisch gewordenen

Zeilen »The Heather was blooming, the meadows were mawn«. Noch dieser Tage findet man Schotten, die darauf schwören, dass Heidekraut, in Kissen gestopft, den denkbar besten Schlaf beschert. Und Heidezweige zur Hochzeit machen immer noch das beste Braut-Bouquet in Schottlands Norden – verglichen mit den üblichen Zucht- und Prachtblumen.

Viele, darunter auch ausgedehnte Heidegebiete Nordeuropas, tragen die »atlantische Heide«, die botanisch auch nichts anderes ist als *Caluna vulgaris*, aber offensichtlich besonders gut an Meeresklima und hohe Windgeschwindigkeiten angepasst ist. In Reinkultur ist sie auf den Orkneys und den Shetlands zu bewundern. Während die Lüneburger Heide aufs Ganze gesehen Menschenwerk war (Folge der extensiven Plackerei zur Gewinnung von Einstreu), gilt das für die küstennahen, stark windexponierten Gebiete mit wenig oder nur schütterer Humusdecke in der Regel nicht: Wo Klima und Bodenverhältnisse den Wald benachteiligen, hat Heide von Natur aus schnell die Oberhand. Auf den Orkneys, in Schottland, in Wales, auf den Azoren ist und bleibt Heide, anders als im küstennahen norddeutschen Binnenland, auch ohne Schnucken Heide.

Und meine Heide? Und wieso eigentlich *meine*? Genügt es, dass ich hier geboren wurde und aufwuchs, um sie *meine* nennen zu dürfen? Ich bilde mir ein, dass es bei mir so etwas wie frühe Bestimmung gab; meine Mutter band einen so genannten Zwutsch, einen Blütenzweig Heide, im Sommer 1950 in meinen Kinderwagen. Ich war damals ein Beinahe-Todeskandidat: Keuchhusten der ganz schlimmen, der kindermordenden Art! Und ich stelle mir vor, dass mich der Zwutsch, den ich stundenlang angebellt habe, vor einem verfrühten Abgang bewahrt hat. Na gut ... das ist persönliche Mythologie!

Heide, die ich meine, ist ein Phänomen der Weite. Das merkt man auch daran, dass die vielen Heidemaler sie immer ziemlich flächig aufgetragen haben. Wenn es dabei zu lila wird, schlägt beim Betrachter der Sonnenuntergangs-Effekt zu. Live betrachtet: groooßartig! Gemalt, getuscht oder fotografiert: kitschig!

Ich habe als Jugendlicher gelegentlich im Atelier des ... ich will nicht sagen großartigsten ... des produktivsten aller Heidemaler gesessen: Henry Gundlach (1884–1964), der in seiner ersten Lebenshälfte einer der bemerkenswerten Sylt- und Hallig-Maler war, saß, wenn er nicht gerade hinter seiner Staffelei in der Heide hockte, in einem wald-überwölbten Atelier am Ende unserer Straße: Am Steinberg, kurz vor den Manskuhlen, einem eiszeitlich aufgeschobenen Wall mit alten Buchen und einer stabilen Dohlen-Kolonie.

Das Atelier, soviel wusste ich auch damals schon von Pinselarbeit, war eigentlich zu dunkel, eher eine Mal-Höhle als ein adäquater Schaffensort für Kunst. Wenn Gundlach Heide im Atelier malte, saß er von mehreren seiner Heidebilder umstellt. Aus den vielen kompilierte er ein neues Bild. Er malte die Idee der Heide, seine Leitpfosten waren dabei seine schon gemalten Impressionen, die er immer per Seitenblick zu sich heranholen konnte. Er malte auch die Schmale Aue, den schönsten (das sage ich mit dem Recht des Lokalpatrioten) Heidefluss, ungezählte Male und meistens mit demselben s-förmigen Verlauf, den schon sein Lieblings-Priel auf der Hallig Hooge hatte.

Gundlachs Heide-Impressionen waren nie seriell – unbeschadet ihrer schieren Masse; in Hanstedt gab es früher kaum ein Haus ohne Gundlach/Heide. Immer wehte durch seine Bilder etwas hindurch, was nur spürt, wer selbst Liebhaber der Heide ist. Ein Erkennen, das kein 1:1-Wiedererkennen ist, eher ein Sich-Einfühlen. Und noch etwas (ich hätte mich nie getraut, ihm das ins Gesicht zu sagen): Mit abnehmender Sehkraft nahm die Qualität seiner Heiden zu. Wo er zuvor gern altmeisterlich friemelte, stellte sich nun ein geerdeter Impressionismus ein. Immer noch Schweröl, aber leichter.

Man sagt, an Meer-Stücken und Wolken zeige sich landschaftsmalerische Meisterschaft oder eben auch: deren Fehlen. Ich würde Heide dazu nehmen. Die eingewachsene Melancholie dieser Landschaft ... wer die mit dem Pinsel nicht zu fassen bekam, den hätte Pastor Bode, der Heidebilder sammelte, einen Öl-Verschwender genannt.

Heidemaler Henry Gundlach

Heide muss nicht zwingend in Öl gelegt sein. Ich denke da an ein Bild von Herta de Breuyker, auf das ich eine ganze Kindheit und Jugend beim Betreten unserer Guten Stube geblickt habe: Der Totengrund unter Schnee. Sehr untypisch. Kein Heide-Lila, kein hoher Himmel, auch das große Amphitheater eher untheatralisch.

Da, wo die Malerin ihre Staffelei in den Schnee gestellt hatte, stand ich, ungefähr ein Menschenleben später, mit Richard Backhaus, dem besten Heide-Erklärer der Fünfziger und Sechziger, gesuchte Kapazität für Heide-Platt(deutsch), für Brauchtum und für Kultur-Spezielles, das mit Heide und Heidjern in Verbindung steht. Backhaus, ein Berufsleben lang Heide-Einklassen-Dorfschulmeister im Heideörtchen Nindorf, nahm mich gelegentlich mit in die Hanstedter Berge, den großen Waldriegel östlich der Zentralheide, und auf die Heide selbst. Eine dieser Draußen-Lernstunden erlebte ich im Totengrund.

Er schob seinen grünen Filzhut in den Nacken und fragte: »Wie kann denn wohl diese wunderbare Bucht entstanden sein, mien Dschung?« »Weiß ich nicht ... durch einen Fluss?« »Durch Gewalt.«

Verblüffung. Denkpause. Und ehe ich fragen konnte, setzte Backhaus an: »Hast du schon mal ausprobiert, wie hart ein Eiszapfen ist? Damit kann man locker einen Stier zu Boden schlagen. Und nun stell dir vor, das Eis würde durch ganz enorm großen Druck – weil ja der Eispanzer über der unteren Schneidekante des Eises 'n Kilometer dick ist – noch viel, viel härter als es sowieso schon ist. Und so ein riesiger Eishobel würde dann mit unheimlich riesiger Kraft durch den Sand geschoben. So ...« Backhaus pflügte mit seinen Nagelschuhen demonstrativ durch

Heideimpressionen von Henry Gundlach

den Heidesand des Totengrundes. »Das ist hier vor etlichen zigtausenden von Jahren passiert.«

Ich war neun oder zehn Jahre alt und die Erdkunde-Stunde, die mir der pensionierten Lehrer vor Ort gab, grub sich mir ein. So also war das ... nur dass ich mir damals alles viel schneller vorstellte: Ich sah vor meinem inneren Auge den Sand spritzen, während ein gigantischer Keil von Matterhorn-Format durch die Heide pflügte und wollpelzige Nashörner und gigantische Bären zur Seite flüchten, um nicht zerrieben zu werden. Und Menschen mit Keulen und Fellen, die sich, Angst-Gegurgel in den Kehlen, südwärts in Sicherheit bringen. Völkerwanderung, noch fast ohne Volk!

Richard Backhaus mit Schulklassee *© Familienarchiv Backhaus*

Das Bild ist nicht verschwunden. Es wurde allerdings mit den Jahren etwas korrigiert, besonders was die Zeitachse anbelangt. Richtig ist, dass das Relief der Nordheide durch Schürfarbeit und Ablagerungen im Quartär – dem Erdalter der

Eiszeiten – modelliert wurde. Vor den Fronten der schiebenden Eismassen wurden Endmoränen-Kuppen aufgeworfen. Schmelzwasserströme kerbten, immer dann, wenn die Eispanzer auf dem Rückzug waren, Täler, die von späteren Eispanzern wieder geplättet wurden. Das Tal der heutigen Schmalen Aue war einmal alles andere als schmal, hätte zu seinen stärksten Zeiten den Rhein bei Bingen in sich aufnehmen können.

Eigentlich müsste man jetzt in Warthe-, Saale-, Weichsel- und einige Zwischenstadien der Vereisung differenzieren und darlegen, wie die jeweils spätere Eiszeit den Schutt der vorangegangenen umverteilt, eingeebnet und neu aufgeworfen hat. Tu ich aber nicht; das ist Lehrbuchstoff für Studenten der Erdgeschichte. Und die berechtigte Frage lautet: Müssen wir das so genau wissen? Vielleicht können wir uns gerade noch merken, dass der berühmte Wilseder Berg, mit 169 Meter der höchste Punkt der Norddeutschen Tiefebene, eine »spätweichselkaltzeitliche« Gestaltung ist und seit rund 200.000 Jahren so daliegt, wie wir ihn heute kennen, und dass er, geologisch betrachtet, eine recht mächtige Düne ist.

Der nahe gelegene Totengrund ist das Gegenteil von Aufhäufung, er ist der Torso eines mit Eisesmacht in den Boden gestanzten Tales. Und da beide benachbart sind, darf man mit Fug und Recht von einem »für das nordwestdeutsche Tiefland ungewöhnlich bewegtem Relief« sprechen.

Die Sedimente, durch die sich Kundige mit professionellen Messgeräten wühlen, sind (wir straffen und vereinfachen): Fluss-Sande, Tone und jede Menge bis zur Staubartigkeit zerriebenes Gestein.

Moment! … Fluss-Sande …?

Ich hatte immer gemeint – ja zu wissen geglaubt –, dass der Heidesand von einem verschwundenen Ur-Meer stammt. Richtig dagegen ist: Er wurde von Flüssen – die meisten gibt es schon lange nicht mehr – aus dem Raum der Ostsee (die es damals noch nicht gab) und den östlichen Mittelgebirgen herangeschafft. Wenn also jemand aus, sagen wir, Eisenach meint, am Wilseder Berg oder auf der großen Wanderdüne bei List auf Sylt Heimaterde unter den Füßen zu spüren, muss man ihm das nicht ausreden.

Wellen von Vorstößen und Rückzügen sollen die nördlichen Eispanzer im Taktschlag der Millennien in den Sand gesetzt haben. Vulkanausbrüche sind, weil sehr kurz bemessene Ereignisse, nichts dagegen: Sie vermögen Gesteinsbrocken nicht annähernd so weit schleudern wie Gletscher Findlinge schleppen können.

Es entstand – wir wiederholen ein wenig zur Befestigung –, durch Eis geformt, das hügelige, bewegte Relief, das die Heide so schön sein lässt, und in dem ihr Dichter, Hermann Löns, wie auch schon gesagt, (r)auf und (r)unter ging. Wer hier noch nicht zu Fuß unterwegs war, glaubt es nicht: Zwischen Garlstorfer Wald im Nordosten des Heideparks und Schneverdingen im Südwesten ist es weit hügeliger als etwa auf der ebenfalls von Gletschern geformten voralpinen Schotterebene, auf der München steht.

Von diesen Zeiten des großen Herumschiebens reden Steine. Jene, die von den Gletschern hier abgeladen und liegengelassen wurden. In der Heide heißen sie Findlinge. Experten können aus ihren Strukturen, Farben, Äderungen, Einschlüssen und Formen lesen, aus welchem norwegischen Fjord, aus welcher Ecke der Hardangervidda sie stammen. Auf Granit beißen, das konnten die erdgeschichtlich verbürgten Eisriesen des Nordens.

Menschen nahmen das fragmentierte Nordgestein schon vor zigtausend Jahren her, um zu bauen – nach der transglobalen Baustoff-Regel: Man nimmt, was in Griffweite vorhanden ist. Anfangs allerdings nicht zum Wohnungsbau! Da mussten Holz, Lehm, Gestrüpp, Schilf genügen. Steine nahm man für die Ewigkeit; denn die Grabkammern, die unser Vorfahren hier in den Sand setzten, sollten ihre edlen Toten für immer bergen, genau wie Pyramiden die ägyptischen Gottkönige, die Pharaonen.

Prähistorische Totenstatt © Andreas W. Kögel

Die Heide ist gesprenkelt von Hünengräbern, Grabbuckeln, Gräberfeldern, so dicht, dass man wohl nicht überformuliert, wenn man von »landschaftsprägenden Elementen« spricht. Wobei das Noch-Vorfindliche nur noch ein Rest ist. Unsere Altvorderen haben in aller Unschuld – denn was wussten sie schon von den Heiligtümern ihrer Vorfahren? – Grabschändung begangen, indem sie die markanten Steinreihen, Kammergräber, Felsenkränze für profane Zwecke abräumten. Für Einfriedung von Hofstellen, später auch, zerkleinert, als Kopfsteinpflaster oder als Grundlage für die tragenden Ständer ihrer Häuser. Sehr gern aber auch für den Kirchenbau. Wer sich den Unterbau der typischer »Heidekirchen«, wie bei den Feldstein-Gotteshäuser in Undeloh, Egestorf, Salzhausen oder Pattensen, betrachtet, der schaut womöglich auf Steine, an die sich schon lange vor der Christianisierung um das 7. Jahrhundert Glaube und Jenseits-Zuversicht angelagert hatten.

Der Schutz der Heide auf einem ansehnlich breiten Gürtel zwischen Egestorf und Schneverdingen hat geholfen, etliche Kulturzeugnisse unverletzt – oder leidlich unverletzt – zu erhalten.

Großsteingrab Sodersdorf Besenheide © Andreas W. Kögel

Wer Gründe sucht, warum ein längerer Urlaub in der Heide ... also mehr als nur eine Stipp-Visite zur Blütezeit ... lohnt, der sollte auch an die Erlebnis-Dimension »Prähistorie und Megalithkultur« denken.

Lange bevor im Heideland Menschen siedelten und Gräber errichteten, waren sie auf der Durchreise. Ein Faustkeil, der am Ostrand von Hörpel gefunden wurde, besagt, dass hier schon Jägerhorden vor ca. 200.000 Jahren unterwegs waren. Und auf den Flächen im Südwesten des Parks, die nach Ende der militärischen Nutzung durch die Engländer der VNP in seine Ohbut nahm, zählten Experten 24 Lagerplätze aus der Zeit der archaischen Jäger – nirgendwo sonst in Niedersachsen gibt es eine vergleichbare Dichte. Die Experten Lütkepohl und Hanstein vermuten, dass für dieses »Gedränge« nicht nur günstige Topographie verantwortlich war – man rastete und verweilte vorzugsweise da, wo das Gelände Versteck, aber auch Fernsicht auf potentielle Angreifer bot: »Wahrscheinlich verliefen hier auch Wanderrouten von Rentieren, den Beutetieren der späteiszeitlichen Jäger.«

Und diese Rentiere, ich sehe sie vor mir, werden aus den Flüsschen und Bächen Wasser geschöpft haben, die am Wilseder Berg entspringen, aus der Wümme zum Beispiel, die sich von hier bis Bremen durchwindet, nachdem sie, noch ganz Rinnsal, ein herrlich ausgerundetes Urstromtal knapp westlich von Oberhaverbeck durchflossen hat.

Die »Sesshaftwerdung« (dieses fachlich etablierte Wortungetüm benutze ich, nicht ohne mich zu schütteln) war deutlich später, man setzt sie mit Ende der letzten Eiszeit vor rund 10.000 Jahren an, als es spürbar und verhältnismäßig rasch wärmer wurde. Und dass auch Grabstätten erst ab da datierbar sind, leuchtet ein: Nomaden bauen keine Gräber für die Ewigkeit.

Man setzte sich – auch im Gebiet der heutigen Hochheide – nicht fest, weil man das Herumgelaufe satthatte, nein, man hatte herausgefunden, dass sich in den Tal-Auen und dort, wo sich Humus angelagert hatte, Ackerbau und Viehhaltung betreiben ließen.

Diese erste große Kulturwende der Menschheit – Historiker sprechen von der Neolithischen Revolution – hatte auch im Gebiet der heutigen Nordheide ihre Schauplätze. Die ersten, noch jungsteinzeitlichen Gräber und Grabhügel datieren aus der Zeit, als das letzte Nordlandeis gerade verschwunden war. Steinzeit, Bronzezeit, Eisenzeit folgten aufeinander, und jede Zeit brachte ihre Bestattungsriten hervor, mal füllte man Asche der Toten in tönerne Urnen, mal pflegte man die Ganzkörperbestattung mit Schmuck- und Waffen-Beigaben.

Die Heide deckte alles zu, die Frühzeitforscher deckten vieles auf. Allein auf den Flächen des heutigen Naturschutzgebietes und in der näheren Umgebung fand und erforschte man 1028 Hügelgräber, die eindrucksvollsten, bronzezeitlichen Exemplare bei Nieder- und Oberhaverbeck. Detailforschung offenbarte Bemerkenswertes: So muss es zum Beispiel Schwerter schon *vor* der Bronze- und Eisenzeit gegeben haben; in einem Grabhügel bei Döhle fand man 1939 etwas, das als Feuerstein-Schwert gedeutet

Gemälde Eugen Bracht: Hannibals Grab

wurde: eine Schlag- oder Stichwaffe, zusammengesetzt aus mehreren messerscharfen Flint-Schneiden.

Die großen Strukturen musste man nicht finden, sie liegen offen zu Tage. Eine auffällige Stein-Formationen erhielt einen skurrilen Namen: *Hannibals Grab* bei Wilsede. Den Namen des nordafrikanischen Fast-Rom-Besiegers, Hannibal, soll der Maler Eugen Bracht (1842–1921) auf den markanten Steinkranz mit dem altarähnlich abgeplatteten Mittelstein abgeladen haben. Unabsichtlich. Im Jahre 1893 malte (richtiger: imaginierte) Bracht, der Großmeister der »stimmungsvollen Einsamkeit«, das Grab Hannibals in der Türkei. Sein berühmtestes Bild.

Schon Brachts Zeitgenossen fiel auf, dass das, was vom Künstler als letzte Ruhestätte Hannibals – von der keiner weiß, wo sie ist – gemalt und ausgestellt wurde, große Ähnlichkeit, ja Übereinstimmung mit steinernen Gegebenheiten bei Wilsede hatte. Vermutlich war Bracht nie in der Türkei, aber durchaus häufig und gerne malend in der Heide unterwegs. Der Verdacht wurde fast schon zur Gewissheit, dass ihn die Grabstätte eines anonymen, heidnischen Heide-Hordenchefs zu einem Phantasie-Hannibal-Grab inspiriert hat. Das als »Hannibals Grab« betitelte Gemälde, mit etwas türkischem Lokalkolorit garniert, kennen nur noch Spezialisten für Landschaftsmalerei des 19. Jahrhunderts; Hannibals Grab bei Wilsede dagegen kennt jeder, der mal im Umfeld des berühmten Heidedorfes unterwegs war.

Nicht alle Namensfindungen sind so verstieselt. Gleich mehrere, besonders hervorragende Heide-Buckel heißen Fürstengrab ... und wenn man sich unter »Fürsten« nicht die oft übergewichtigen Potentaten des Mittelalters und der frühen Neuzeit vorstellt, sondern vernarbte Haudegen, die sich durch große Durchschlagskraft und angewandte Brutalität hervortaten, dann mag der Name hingehen.

Wer ein optisches Konzentrat der Zeit früher Steinsetzung haben möchte, der sollte sich nach Oldendorf begeben. Das ist ungefähr eine Fahrrad-Stunde östlich der Döhler Heide und damit, heidespezifisch gesehen, exterritorial. Aber ein Besuch lohnt sich. Südlich von Salzhausen, wenig nördlich von Amelinghausen, oberhalb des Heideflüsschens Luhe, liegt die so genannte *Oldendorfer Totenstatt*. Wenn man sich darauf einlassen kann, dass Steine reden, dann gibt es hier viel zu hören. Und zu sehen. Langgräber, die wirklich lang sind, Steinkammern, heilige, heidige, heidnische Buckel. Heidelerchen und Eichelhäher im Überflug. Und wenn man Glück hat einen Schäfer, der mit seiner Schnuckenherde die Planstelle des Friedhofsgärtners innehat.

Die frühsteinzeitliche Totenstadt ist 5300 Jahre alt; das bedeutete: Es gab hier bereits einen Jenseitskult, noch bevor die alten Ägypter große Steinquader durch die Wüste schoben. Seit man im selben Zeithorizont wie dem der Oldendorfer Totenstadt in deren weiterer Nachbarschaft eine frühsteinzeitliche Trommel fand, stellt man sich – mit archäologisch zulässiger Phantasie – vor, dass auf den Fürstengräbern der hier sesshaft gewordenen Rentierjäger gefeiert wurde. Ähnlich wie noch heute Mexikaner auf den Gräbern ihrer Toten das Leben hochleben lassen. Und wenn es dunkel wurde über den Grabmälern von Oldendorf, zog man sich auf die andere Seite des Heide-Flüsschens Luhe – damals wohl mehr Fluss als Flüsschen – ins Dorf zurück, weil die Geister – das wenigstens meinen Vorzeitforscher zu wissen – den Steinzeitlern als wasserscheu galten; die Körperlosen mochten kein fließendes Wasser überqueren.

Die Totenstadt wurde vielfach geplündert und zerstückelt. Besonders von braven Baumeistern, die die großen Steine abholten, zerschlugen, umnutzten. An einem der zwei großen Langgräber befindet sich das »Denkmal des untalentierten Steinmetz«: Man erkennt an einem Findling mit Steinmeißel-Bissspuren lehrbuchhaft, wie, warum und woran einer der neuzeitlichen Steinespalter scheiterte.

Es wurde in der Heide viel gegraben, auch von Leuten, die das besser hätten unterlassen sollen. Ich erinnere mich, dass mein Heide-Privatlehrer Richard Backhaus, plattdeutsche (unübersetzbare) Schimpf-Kanonaden auf die Hobby-Altertumsforscher abgefeuert hat, die nach Möglichkeit jede Kuppe aufbuddelten, um Tonscherben oder Grabbeigaben zu privatisieren – Relikte, die dann dem spezialisierten Helms-Museum in Hamburg-Harburg fehlten. Und ich erinnere mich auch daran, wie Backhaus mir einen Mythos – mein Vineta, mein Rungholt, mein Atlantis – hinterlassen hat.

Das kam so: Backhaus kannte natürlich die Geschichte von dem verschwundenen Heidedorf, einer Ansiedelung, die im Dreißigjährigen Krieg (1618–1648) irgendwo westlich von Hanstedt ausradiert wurde – niedergebrannt, verwüstet, nie wieder besiedelt. Eines Tages, ich weiß, dass er schon große Schwierigkeiten mit dem Gehen hatte, sagte mir Backhaus: »Wenn es wieder etwas besser geht mit diesen verfluchten Gliederschmerzen, zeige ich dir das verschwundene Dorf. Ich habe es gefunden. Aber ich will nicht, dass da gebuddelt wird und die Ruhe der Menschen gestört wird, die da bei einem Überfall durch Tillys Horden oder die Schweden oder durch marodierende freie Haufen umgekommen sind. Ich werde es nur dir zeigen. Und du hältst die Klappe. Versprochen?«

Es ging ihm nicht wieder besser. In späteren Jahren bin ich immer einmal wieder Heideränder abgeschritten, den Sucherblick konzentriert auf den Boden geheftet; die Gegend, die Backhaus im Auge gehabt haben könnte, glaubte ich eingrenzen zu können. Und als ich etwas sehr Bemerkenswertes fand, belehrte mich ein Experte, dass es sich hier um uralte Wagenspuren handele, die sich in hochmittelalterliche Heerstraßen eingekerbt hätten. Das war enttäuschend. Übrigens: Nirgendwo in Deutschland findet man breitere historische Reste alter Straßen. In der Heide fuhr man einfach eine neue Spur neben die alte, wenn die total versandet oder sonst wie unpassierbar geworden war.

Ein verschollenes Heidedorf zu finden, wäre schon ganz schön schön gewesen. Zumal Hören-Sagen-Geschichten und Sagenhaftes, zumindest für mich, einen gewissen »pull factor« haben. Ein Beispiel, mit Verlaub, aus den Gefilden meiner frühen Indianer-und-Cowboy-Zeit: Auf dem Brunsberg zwischen Hanstedt und Nindorf soll im siebten Jahrhundert nach Christus ein Riese gleichen Namens gelebt haben, dem gar nicht gefiel, was der Heilige Ansgar mit den Heidjern im Tal der Schmalen Aue anstellte: Dieser »Missionar des Nordens« missionierte und christianisierte die Hanstedter auf Teufel komm raus. – So die Sage, Ansgar (801–865) war wahrscheinlich nie im Tal der Schmalen Aue. – Und als die Neu-Christen auch noch eine Kirche bauten, beschloss der riesige Bruns, dem einen Riegel vorzusetzen. Einen aus Stein. Er suchte nach einem sehr großen Findling, fand einen und schleuderte ihn gegen die Kirche. Schleuderte, aber zu kurz. Der Stein blieb im Auetal liegen. Der Rest der Geschichte ist zu fromm, um wahr zu sein. Bruns erlebte sein Scheitern als einen Wink von oben (der neue Gott wurde oben verortet), ließ seine verrauchende Wut an dem Stein aus und sich selbst taufen.

Im Dorfzentrum von Hanstedt, das den Steinewerfer im Wappen führt, steht ein bronzener, bärtiger Jüngling im sexy Pelz-Einteiler, hält einen Stein, etwa in Größe und Abmessung einer Schweinehälfte, über seinen Kopf und erweckt dabei den Eindruck, als wisse er nicht so recht, wohin damit. Jedenfalls weisen Blick – und mögliche Wurfrichtung – nicht auf die Hanstedter Jakobi-Kirche.

Homo interrogans, der Fragen stellende Mensch, fragt ja gern einmal nach dem wahren Kern von Sagen; wenn er, also der Kern, sich im Fall Bruns finden lässt, dann wohl am ehesten auf dem Feld der Christianisierungs-Geschichte. Die Heide ging spät und wohl nicht kampflos ihrer Heiden verlustig. Noch Karl der Große soll kräftig mit dem Henkersbeil nachgeholfen haben, wenn die Frohe Botschaft nicht freiwillig angenommen wurde. Und ein bisschen Genozid war ihm auch recht, wenn das mit der Christianisierung gar zu schleppend voranging: 782 nach Christus ließ er nicht taufwillige Sachsen abschlachten; um die 4500 Köpfe rollten bei Verden in den Südheide-Fluss Aller. (Knappe, aber wohl nötige Anmerkung: Historiker unserer Tage haben so ihre Zweifel, ob die Kopfzahl stimmen kann.)

Eine andere Sagengestalt der Heide – und angrenzender Großräume – ist die Roggenmuhme. Sie hatte sich in mein noch wachsweiches Kindergemüt gedrückt, ist sie doch eine carnivorische Erscheinung mit Vorliebe für frisches Kinderfleisch. Im Zuge ihrer Nahrungsbeschaffung lockt sie, so sagt man, mit ihrem Singsang spielende Kinder in Getreidefelder und dann … siehe oben! Mich hat die Muhme, auch Hafermuhme, Flachsmuhme oder Erbsenweib genannt, zu Beginn meiner Adoleszenz gefangen genommen. Es hieß nämlich, dass das »Tittenwief« gewaltige Brüste habe, an denen man (wohl eher Mann) nicht ungestraft saugen könne, da sie giftiges Zeugs enthielten. Für mich war die Roggenmume immer hoch erotisch und wildschön, obwohl es auch hieß, sie hätte stachelbesetzte Runzeln im Gesicht. Meine hatte das nicht.

Die vielen Geschichten – die schauerlichen hatten immer schon den besten Unterhaltungswert – hatten ihre Geburtsorte; sie lebten, wuchsen, verwuchsen sich am besten in der »Klöön Stuv«, der Klönstube. Dem damals noch analogen Chatroom.

Wenn Nachbarn – Brennmaterial war knapp und teuer – in langen Winterabenden dicht an dicht zusammenhockten, entstand Erzählkultur ... und dass das Eulen-Einflugloch unter den gekreuzten Pferdeköpfen auch Einflugloch für das Böse war: Nebbich, das wusste jedes Kind.

Tja ... ich gestehe: Eine Aufwallung von Lokalpatriotismus will mir hindernd in die Schreibhand fallen ... aber es muss schon noch gesagt und geschrieben sein: Ein brodelnder Hexenglaube hat sich gerade in der Lüneburger Heide lange gehalten. Und es gab auch »Hexenbrennerei«. Im Schloss von Winsen/Luhe, knapp nördlich der Hohen Heide, residierte einige Jahre die einschlägig berüchtigte Dorothea von Braunschweig (1546–1617), die, wohl in ihrer Eigenschaft als Gerichtsherrin, Anteil an »Hexen«-Justiz-Morden hatte und sich Scheiterhaufen-Spektakel gern vom

Schlossfenster aus angeschaut haben soll. Winsens »bitter bös wif« – so nannte sie ein zeitgenössischer Chronist – war eine Ausnahme in der männlich dominierten Zunft der Mörder-von-Amts-wegen.

Die Wirkmächtigkeit von »Hexen« galt in der Lüneburger Heide lange als real – wie Eiszapfen im Januar oder Graupel im April. Und im protestantischen Norden hatte man in Sachen Lebendverbrennung auch einen gewichtigen Vorbeter, den Dr. Martin Luther, der sich wünschte: »Ich will der Erste sein, der Feuer an sie legt.«

Übrigens, in der Redensart »Das ist doch kein Hexenwerk« (im Sinne von: Das ist doch nun wirklich nicht so kompliziert) klingt der Irrsinn noch nach, wenn auch zur Unmerklichkeit verdünnt.

Wie lange »Tüünkram« bei uns in der Heide geglaubt wurde, hätte ich nicht glauben mögen, hätte ich es nicht gesehen. In den frühen Sechzigern durfte ich mit meinem Onkel Reinhold, der als Tierarzt für damals noch große Rinderherden zuständig war, immer einmal wieder über Land fahren. Eines Tages zeigte er mir Eulenflügel, paarig an eine Stalltür genagelt: Einflug-Blockade für Hexen, die Schadzauber anrichten könnten. Wohlgemerkt, die Beobachtung stammt aus dem Jahr 1961 oder '62.

Ich bin etliche Jahre später – als Sozialkunde-Student auf der Spur von Aberglaube – zu dieser Stalltür zurückgekehrt. Es gab sie nicht mehr. Ungefähr an ihrer Stelle stand eine Glasveranda,

Teil einer Zweitwohnung, architektonisch so gestaltet, dass man nicht sofort von Augen-Muskelkrampf befallen wurde.

Als ich den Besitzer der Wohnung nach dem Hexenabwehrzauber fragte, der sich hier an dieser Stelle noch vor zehn Jahren manifestiert hatte, erinnerte er sich: »Ach das ... Das war meinem Großvater wichtig. Er war durchaus modern. Hatte als erster hier im Dorf einen Mähdrescher und einen Porsche-Traktor. Aber Hexenabwehr musste sein ... Darf ich Ihnen etwas zeigen?«

Der Mann, ein Profiteur der modernen Heide-Dreifelderwirschaft – Kartoffeln, Kiesabbau, Bauerwartungsland – zeigte mir seine Pferde-Boxen, in denen das Reitgetier Hamburger Neureicher eingemietet stand. Am Eingang der Stallgasse glänzte ein mit Silberbronze übermaltes Hufeisen. Richtig herum angenagelt. »Die Öffnung immer nach unten: Damit keine bösen Geister einfliegen können!« Er lachte: »So viel Aberglaube muss schon noch sein!«

Auf dem Hof standen mehrere Pferde-Anhänger. Ich musste an meine frühen Heide-Kämpfe denken. Da gehörten diese beweglichen Pferdeställe in die Kulisse meines Feindbildes.

In den frühen Nachkriegsjahren zogen Reiter gern ihre Zossen per Anhänger auf irgendwelchen Parkplätzen in der Nähe der A7 – vorzugsweise Abfahrt Nindorf/Garlstorf –, um dann durch die Heide zu kajohlen: Freier Ritt für freie Bürger!

Das hinterließ Spuren. Aufgeschlagene Heide-Narbe. Heideschützer verlangten, dass die sensiblen Arealen der Heide nur noch auf ausgewiesenen Wegen und von Reitern mit großen Nummernschilder durchritten werden dürfen, wie auf Turnieren, so dass man alle, die sich nicht an das (Reit)Wegegebot hielten, identifizieren und anzeigen könnte.

Eines Tages saßen R. und ich je auf einem Pferd – er auf einem großen. R., Bauernsohn, konnte reiten. Ich, Sohn eines Schlossers, auf einem kleinen; ich konnte nicht reiten und nur so gerade eben in einem Sattel sitzen. Aber es waren noch die Jahre der grenzenlosen Selbstüberschätzung. Wir wollten Reitsünder auf frischer Tat ertappen. Wollten sie nach gestrecktem Galopp stellen und in die Schranken weisen – wie unsere Schwarz/Weiß-(Kinofilm-)Helden Lazzy La Roc und Fuzzy St. John. Die Hufschlag-Attacken der Bösen, meist aus dem fernen Hamburg und gerichtet gegen unsere Heide, sollten nicht ungesühnt bleiben!

Unser Heide-Hilfspolizisten-Einsatz scheiterte. Genauer: Wir warteten, aber die Tat blieb ungetan. Der Feind zeigte sich nicht. Aber ich bin noch – weit zurückdenkend – verliebt in dieses Gefühl von damals: zwei Verschworene im Sattel, Abenddämmerung über der Heide, Schwarzstörche, die mit müdem Flügelschlag in den kleinen Bruchwald südlich von Sudermühlen ruderten, und wir beide zu Pferde: abfangbereit, um die Bösen (Wild-Reiter) zu stellen. Wir zwei! Cowboys, die in die sinkende Sonne reiten. Und im Abspann: unsere Namen. Ganz großes Kino.

Ach, Kino ... Als ich noch sehr klein war, ritt Rudolf Prack, der schönste unter den Männlich-Schönen der frühen Nachkriegsjahre, vor laufender Kamera über die Heide. Ich habe das noch vor Augen. Es geschah auf der Weseler Heide. Meine Mutter drückte meine Kinderhand und flüsterte: »Das ist der Rudolf Prack!« Sagte mir nichts. Aber die Art, wie meine Mutter es

Filmwerbung für »Grün ist die Heide« © Gloria Fimverleih

sagte, sagte alles. Prack musste mehrfach an der Kamera vorbei reiten, um dann aus dem Sattel zu gleiten, eine Dame in einer Art bajuwarisch-niedersächsischen Trachtenkleid aufheben und sie küssend im Kreis wirbeln.

Ich weiß noch, dass er noch dem vierten oder fünften Durchlauf – also: reiten, abspringen, Frau fassen, Frau küssen und wirbeln – sehr außer Atem war. Er musste betupft und neu geschminkt werden.

Ein paar Jahre lang war die Heide – gleichrangig neben Alpen und Schwarzwald – eine gesuchte Heimatfilm-Kulisse, in die sich später auch Roy Black, Heino und Heintje stellten. Ich vermute, dass dieser lichtbebilderte Schlag ins Heidegewoge dazu beigetragen hat, dass die Heide unter Kitsch-Generalverdacht geriet.

Winterheide

Dass diese Landschaft mit der eingewebten Melancholie ein Fliegender Teppich für Realitätsflüchtige ist, glaube ich eher nicht. Immer wieder gab es hier gut Geerdete wie ›Peter von Wesel‹, Bürgermeister des gleichnamigen Heidedorfes, Peter Rademacher (er ist uns schon kurz als »Flügel-Adjutant« von Pastor Bode begegnet). Er soll eine Heidjer-Tugend im hohen Maße besessen haben: Den Mut vor Altären und Thronen beziehungsweise dessen Entsprechung in neuerer Zeit: Widerborstigkeit gegen jedwedes Oben. »De-i doar boben de-i künn mi mal … es sei denn, sie können mir beweisen, dass sie Recht haben« – »die da oben sollen mir mal …«, so lautete Peter Rademachers Motto, vermutlich nicht selten verkürzt zu einem »die da oben können mich mal«.

Woher dieser Mut kommt, jederzeit sein Ja-und-Amen zu verweigern, ist eine Frage, die zum Spekulieren einlädt. Ich spekuliere kurz mit und stelle mir das so vor: Auf den Heidehöfen war man abgeschnitten, allein und auf sich gestellt. Eine Fehlentscheidung konnte, schon wegen der äußerst dünnen Ertragslage, Hunger oder den Tod bedeuten. Die Heide zu spät geplackt bedeutete zu wenig Einstreu für die Dünger produzierenden Schafe, bedeutete schlechte oder keine Ernte im Folgejahr. Und wer weiß, dass Sein oder Nichtsein an ihm hängt, der ist taub für Einrede oder Direktiven von außen oder von oben.

Es gibt nicht mehr so viele, die sich als Heidjer bekennen. Die Eigendefinition als »Heidjer« ist in den Dörfern, besonders in denen, die zu Sub-Centern mutiert sind, nicht mehr üblich. Nur einige, vorwiegend Ältere, sagen immer noch: »Ick bünn 'n Heidjer«. Was meint: Stur wie ein Schafsbock.

Heidschnucken sind Mufflon-Verwandte © Lüneburger Heide GmbH

Ach, diese Heide-Schafe ... Auf diesen dünnen Beinen stand eine ganze, frugale Kultur. Nur dank ihrer Mäharbeit existierten ausgedehnte Heideflächen. Und die *mussten* ausgedehnt sein. Ein Heidebauer brauchte, um über die Runden zu kommen, zehnmal mehr Heide- als Ackerflächen. Nur bei dieser Zuordnung war genug Dünger für die von Haus aus schlechten Böden zu erwarten. Heidschnucken waren kein Auch, sondern ein Muss.

Was sind das für Tiere? Heute übrigens die meist fotografierten Vierbeiner der Heide. Es sind ziemlich urtümliche Schafe mit der Besonderheit, dass beide Geschlechter Hörner tragen. Bei Schafen ist das eher die Ausnahme.

Heidschnucken, die schwarz geboren werden, sind den mediterranen Mufflons näher verwandt als dem Normalschaf, wie wir es aus Kinderbüchern, der Knetgummi-Saga »Shaun das Schaf« oder als Rasenmäher von Nordseedeichen kennen. Und aus dieser mediterranen Stammlinie kommt wohl auch die Genügsamkeit der Schnucken. Kein Normalschaf kann Heidekraut verdauen. (Übrigens: Eine verbreitete Fehlmeinung besagt, die Schnucken fräßen nur das Grün, das zwischen Heidebüscheln keimt. Falsch, sie mümmeln auch *Caluna vulgaris.*)

Im Herbst allerdings wurden die für den Schlachter vorbestimmten Tiere für kurz zum Fressen auf die Stoppelfeld-Äcker getrieben, auf denen Grünzeug austrieb, und auch auf Wiesen mit gutem Klee-Anteil. Über Jahrhunderte schickte man schlachtreife Schweine aus demselben Grund zur »Eichel-Mast« in die Wälder. Gewachsene Denkmäler dieser Waldweide sieht man in sehr lichten Eichen-, den so genannten Hutewäldern, etwa bei Wilsede, dem aufwendig restaurierten Heidedorf.

Heidschnucken sind absolut winterhart

Wie ungemein wichtig die Heideschafe für Heidebauern waren, zeigt der historische Detailblick auf das Dorf Undeloh, das mit Wilsede in der Heideblüte-Saison per Kutschen-Shuttle verbunden ist. Anno 1867 gab es, verteilt auf elf landwirtschaftliche Betriebe, neun Pferde, 61 Kühe, 33 Rinder, 24 alte Schweine und 46 junge. Und: 1359 Schafe. Gänse und Hühner rangierten unter ferner liefen und wurden nicht extra gezählt.

Fleischertrag und Schurwolle allein hätte keine Schaf-Herdenhaltung gelohnt, entscheidend war schon damals, was hinten herauskommt. Die Schnucken waren, wie schon gesagt, Düngerproduzenten, unentbehrlich in den Jahrhunderten vor dem Kunstdünger. Und sie hielten die Heide (annähernd) frei von floraler Konkurrenz.

Die Hüter der Schnucken waren Schäfer, oft Gestalten, die im Geruch großer Absonderlichkeit standen. Eigenbrötler zumeist, die früher über Wochen und Monate keinen Menschen zu Gesicht bekamen, die mit den Hütehunden und in direkter Nähe zur Herde in den kleinen »Unterwegs-Ställen« schliefen und an Socken und Geschichten strickten.

Ein Schäfer späterer Tage, schon in Diensten des Verein Naturschutzpark und anders als seine Vorläufer an viel Menschenkontakt gewöhnt, war bekannt dafür, dass er Touristen die Kopfzahl seiner Herde schätzen ließ und denen, die annähernd exakt schätzen, einen Heidmärker-Korn spendierte. Es sei aber nie viel Alkohol geflossen, sagte er mir: Die Anzahl eng stehender Schnucken unterschätzt der Laie in aller Regel.

Was die alten Schäfer teils legendär machte, war ihr Heilwissen. Sie waren meist zu weit draußen, um tierärztliche Hilfe in

Anspruch nehmen zu können; sie waren allein, wenn sich einzelne Schafe mit dem Lammen schwertaten, sie waren gut beraten, wenn sie Krankheiten früh erkennen und behandeln konnten. Sie wussten, welche Kräuter gegen aufgetriebenen Leib, welcher Sud gegen lückiges Fell halfen. Und ihr Heilwissen bewährte sich auch artübergreifend, will sagen: Es kam auch Menschen zugute.

Berühmt wurde der Schäfer Heinrich Ast (1848–1921), der schon in jungen Jahren Schafe Schafe sein ließ, sich als Heiler selbstständig machte und an manchen Tagen Zulauf von tausend Menschen gehabt haben soll, denen er ihre Krankheiten aus den Nackenhaaren lesen konnte.

Einige Patienten sollen auch Fremdhaar kranker, womöglich nicht mehr reisetüchtiger Nachbarn mitgebracht haben, die Ast dann per Ferndiagnose bedienen konnte. Ein Zweifler, vermutlich einer, der Ast als Scharlatan überführen wollte, soll ihm ein längeres, weißes Schweinehaar präsentiert haben, worauf hin Ast gesagt haben soll: »Ich sage es nur ungern. Aber wenn du nicht schnellstens umkehrst, ferkelt deine Frau, ohne dass du in der Nähe bist.«

Das hört sich ein wenig nach an den Haaren herbeianekdotelt an; die Ast'schen Kinder, Enkel und Urenkel, die im Sinne ihres Ahnherren weiter diagnostizier(t)en und heil(t)en, wiesen und weisen immer wieder daraufhin, dass Ast keineswegs nur per Haar-Diagnose urteilte und vor allem durch sein profundes Heilkräuterwissen zu dem wurde, der er war. Und durch Beobachtungen, die er in seinem Buch sammelte, systematisierte und analysierte.

Die Ast'sche Praxis in Radbruch – zwischen Winsen/Luhe und Lüneburg gelegen – ernährte nebenbei eine örtliche Fremdenverkehrs-Industrie: Droschkenbesitzer, Hoteliers, Gaststättenbetreiber, zuliefernde Bäckereien, Großimker und Wurstfabrikanten. Manchmal kamen Berliner und Hamburger waggonweise mit der Bahn zum Wunder-Heiler ... der eher ein Wunder-Diagnostiker war. Ehe Ast von Patienten total überflutet wurde, organisierte er Massenabfertigung: Immer zehn wurden zugleich vorgelassen; einer oder eine aus der zufällig zusammengesetzten Gruppe wurde als Schreiber oder Schreiberin bestimmt und notierte, was Ast erkannt hatte.

Berühmte Heidjer ... Nein, es kann hier nicht von Hermann Löns die Rede sein, obwohl das vermutlich erwartet wird; der Heidedichter schlechthin war Hannoveraner und zu ihm kommen wir später noch. Jahrzehnte vor Löns, in den frühen Dreißigern des 19. Jahrhunderts, war einer berühmt, der 1804 in Klein Klecken bei Hittfeld geboren wurde, am Nordrand der Nordheide: Der Wilddieb – ihm war die Berufsbezeichnung »Wildschütz« lieber – war gelernter Förster und hieß Hans Eidig. Von der Obrigkeit gejagt, fand er immer wieder Unterschlupf bei den Heidebauern, denen er in Robin-Hood-Manier von dem Wildbret gab, das er den meist adeligen, teils geldadeligen Jagdherren wegschoss. Als ihm der Heideboden zu heiß wurde, emigrierte er auf Nimmerwiedersehen in die USA.

Geblieben sind Geschichten; die meisten handeln von seiner phänomenalen Treffsicherheit mit Gewehren, die man – wegen ihrer grobschlächtigen Wirkweise – Schießprügel nannte. So soll Eidig in Wesel auf der Hohen Heide einem davon reitenden Land-Gendarm den Stiefelabsatz abgeschossen haben, ohne den Fuß des Reiters oder das Pferd zu verletzen ... das wusste mein Geschichten erzählender Großvater, Otto Dittmer, zu berichten ... nun ja!

Wenn es um berühmte Gestalten der Heide geht, um autochthone gar (also um hier geborene), dann ist die Suche im Tierreich ergiebiger. Bei den Heidschnucken waren wir schon. Aber es gibt andere. Ganz oben rangieren die Heide-Bienen.

Das sind, betrachtet man sie mit den Augen und nach den Kategorien eines Insektenkundlers, dieselbe Art Honigbienen wie die, die im Schwarzwald oder im Harz-Vorland fliegen, in Zentralfrankreich oder Ungarn. Und doch ist etwas auf bemer-

Am Immenturm © Andreas W. Kögel

kenswerte Weise anders. Zu einer Jahreszeit, zu der Bienen normalerweise »abbauen«, das heißt, ihr Volk durch sozialverträgliches Ableben bis auf eine Überwinterungs-Population verkleinern, legen Heidebienen erst richtig los. Ihr Frühling ist der Spätsommer. Die Zeit der Heideblüte.

Ihre Behausungen sind nicht mehr die legendären Lüneburger Stülper, sondern Beuten (Spezialkisten für einschiebbare Bienenwaben-Gestelle), in bunter Reihe unter strohgedeckten Überständen eingestellt. Die Heideimker sind, wie schon in vergangenen Jahrhunderten, meist Wanderimker. Ihre Immen – bzw. deren Vorgänger-Generationen – waren vor dem-Heide-Einsatz schon bei der Obstblüte im Alten Land und anderenorts. Wander- und Saisonarbeiter mit Migrationshintergrund.

In der Heide wurde – überwiegend von Saison- und Wanderimkern – die *Dunkle Europäische Biene* »geflogen«, ein besonders robuster Ökotyp, auch als Urtyp der Honigbiene gelistet. Sie ist heute allerdings auch in der Heide auf dem absterbenden Ast: Urtümlich und robust wäre immer noch recht, aber die Unterart der Westlichen Honigbiene schwärmt gern. Und das sieht auch der Heideimker nicht gern – zumal ein Schwarm sich im heidetypischen Offenland ziemlich weit von seinem Arbeits- und Lagerbereich entfernen kann, ehe er sich niederlässt.

Als in den frühen Nachkriegsjahren die Nachfrage nach Heidehonig stieg, soll Honig aus aller Herren Länder als Heidehonig etikettiert und verhökert worden sein. Heute wird das Siegelwort »Heidehonig« streng überwacht, so jedenfalls wird es einem versichert!

Vom neuseeländischen Manuka-Honig, aus den Blüten der Südseemyrthe gewonnen, heißt es, er habe heilende Wirkung. Hat er? Bei mir wirkte schon der Heide-Honig. Wenn man als Kind krank zu Bette lag, half Wabenbruch, nicht-geschleuderter Honig, der noch in den Waben steckt, auf Vanille-Milchsuppe mit Eierschnee-Flocken. Aber sowas von sicher!

Wenn es um Charaktergestalten der Heide geht, darf er in keiner Aufzählung fehlen: Lyrus tetrix, ein »fasanenartiger«, bis zu sechzig Zentimeter langer ziemlich spektakulärer Vogel »der borealen und subarktischen Waldzone«. Birkhähne sind – anders als ihre Birkhennen – auffällige Erscheinungen: blauschwarz glänzendes Gefieder und namensgebender Leierschwanz. Ausgestopft werden sie – der Waidmann will es so – gern als im Dauerorgasmus befindlich aufgestellt: Aufgeplustert, lasziv hängende Flügel, den offenen Schnabel hochgereckt, die Augenrosetten angeschwollen und tiefrot gefärbt.

Birkwild lebt vorzugsweise da, wo der Wald in Bedrängnis ist: an Moorrändern, aber auch im Gebirge; allerdings sollte das Gelände offen sein. Aber nicht so offen, dass Tarnung und Rückzug unmöglich oder stark erschwert sind. Diese Kurzbeschreibung

Birkhahn mit roten Rosetten

lässt schon ahnen, dass große Heideflächen mit kleinen Birken-, Kiefern- oder Wacholder-Inseln das Optimum für Birkwild sind … wären!

Der Vogel hat eine große Fluchtdistanz. Heidetouristen – von denen schon der berühmteste Heidefreund, Hermann Löns, sagte, dass es sie im Spätsommer »regnet« – hatten die Hühner auch in ihren letzten Standorten ins Abseits gedrängt. Lediglich in den heidigen, touristenfreien Abschnitten der Truppenübungsplätze vermehrten sie sich erfolgreich unter Militärschutz.

Derzeit soll es im Naturschutzpark noch um die dreißig Individuen geben. Nimmt man die militärischen Übungsgelände südöstlich des Naturschutzparkes dazu, könnten es noch um die 130 Individuen sein, ergaben Zählungen im Jahr 2021. Das ist bitter wenig, zu wenig für stabile Populationen. Und es wären im Naturschutzpark wohl noch weniger oder gar keine mehr, wenn der VNP und Naturschutzorganisationen es mit dem Birkwild-Schutz nicht sehr ernst nähmen. Gebiete, in denen noch vor nicht allzu langer Zeit zur Birkhahn-Balz hinter jedem Wacholder ein Fotograf mit langer Fotolinse lag, sind jetzt »entwegt«, will sagen, es führen keine Wege mehr in die Tiefen des Raumes; und das weglos Durch-die-Heide-Streifen ist verpönt und verboten.

Für die Zeigerart Birkhuhn lässt sich leichter öffentliches Engagement organisieren als für Heideschutz im Allgemeinen. So bezahlten und pflanzten Mitglieder des Schneverdinger Lions Club auf einem Kilometer Länge 300 Vogelbeerbäumen; die charakteristischen, heidetypischen roten Beeren sind eine bevorzugte Herbstnahrung der Hühner. Sie schmecken aber auch dem

Seidenschwanz. Allein dessen Namensnennung versetzt Hobby-Ornithologen in Verzückung. Insofern diente die Anpflanzung mehreren Abnehmern.

Mein Glück war es, dass mein nicht nur erzählender, sondern auch jagender Großvater Otto Dittmer ein Revier bei Wesel mit Heide-Anteil hatte und dass er den schönen Hahn liebte. Mehr als Rehe und Hasen, die er totschoss. Birkwild nie. Obgleich dessen Schutzstatus in den Nachkriegsjahren noch nicht überwacht wurde.

Man sieht sich ja selten von außen, aber ich sehe mich noch nach mehr als sechzig Jahren als den in dickes Loden gehüllten Knirps in Opa Ottos Erdhütte mit Sehschlitzen kurz über der Grasnarbe: Vor uns der Tanzplatz einer Birkhahn-Hochzeitsgruppe, die sich kollernd, knorrend, schnäbelklackernd, flügelschlagend in Stimmung brachte. Heißer Tanz im kalten März-Frühlicht. Baumbesetzung in der Rangfolge individueller Prächtigkeit. Dann der flügelflatternde, gehüpfte Turnierkampf der Hähne. Ein wunderbarer Zauber, aufgeführt, um den Hennen zu imponieren. Wobei, das erfuhr ich erst später, nach meiner Pubertät, dem liebestollen Birkhahn jedes Huhn recht ist, zur Not auch Fasanenhennen. Wenn der Spruch, dass Liebe blind macht, für ein Wesen zutrifft, dann für den Typ mit dem Leierschwanz. Und (kurzzeitig) taub ist er auch im Vorspiel-Koller. Die Jäger früherer Jahre wussten – was auch dem Birkhuhn-Bedichter und Jäger Hermann Löns bekannt war –, dass man den Vogel nur dann gut beschleichen kann, wenn er sich gerade akustisch voll ins Zeug legt.

Nicht weit von der Birkhahn-Arena meiner frühen Jahre floss – und fließt noch – der Weseler Bach. Ein Heidebach der Spitzenklasse. Nur dieses Kleingewässer hatte, was seine Wasserqualität anbelangt, in den Siebzigern die Traumnote 1a. Was daran lag, dass in seinem Einzugsgebiet kein einziges düngendes Blaukorn fiel, dass keine Gülle verregnet, geschweige denn Hausabwässer eingeleitet wurden. Der Bach schlängelt sich von der Quelle auf der Weseler Heide bis zu den Holmer Fischteichen durch streng naturgeschütztes Terrain. Allenfalls der Durchfluss besagter Fischzucht-Teiche knabbert ein wenig an der traumhaften 1a-Note – die bei Gewässerkundlern (Limnologen) spitze Schreie des Entzückens auslöst.

»Heidebäche«, diese Bezeichnung sagt Limnologen mehr als uns, für die »Heidebach« einfach nur ein Bach ist, der durch die Heide fließt. Heidebäche haben in der Regel Sicker-, gelegentlich auch Tümpelquellen. Anders als in vielen Bächen und Klein-Flüssen gibt es nur sehr wenig Geschiebe, also mineralisches Material, das von der Strömung bewegt wird. Ganz wichtig: Es gibt das, was Experten »durchgängige Bachsohle mit ununterbrochenen Sedimentlückensystem« nennen. Grob vom Deutschen ins Deutsche übersetzt heißt das: Auf der Gesamtlänge der Bäche und Flüsschen ist die Bachgrund-Struktur gleich, die durch die Zwischenräume zwischen den Sandkörnern am Boden der Fließgewässer definiert ist. Das bedeutet, dass sich das Leben am Grund des Fließgewässers ungestört anpassen und ungehindert ausbreiten kann. Weiterer Pluspunkt für das Leben: Die Schwankung zwischen hohen und niedrigen Wasserständen ist signifikant niedriger als bei Fließgewässern anderenorts, die andere

Böden überfließen. Konstant hoher Sauerstoffgehalt und Reinheit sind weitere Kennzeichen.

Ein anderes Charakteristikum ist die konstant niedrige Temperatur. Als Kinder fanden wir das im Hochsommer beklagenswert. Und ich weiß noch, dass ich meine Mutter grenzenlos bewundert habe, als sie mir erzählte, sie habe in dieser immer kalten Schmalen Aue schwimmen gelernt; hätte sie »in den Küstengewässern vor Island« gesagt, meine Bewunderung wäre nicht größer gewesen.

Grundwasserzuströme allüberall sorgen dafür, dass unsere Schmale Aue immer sehr deutlich unter Bade-Wohlfühltemperatur bleibt. Für die anderen etwas größeren Bäche – Wümme, Seeve, Luhe, Böhme, Este – gilt das auch, mehr oder weniger.

Die Schmale Aue bei Ollsen © Helmut Penzlin

Heidebäche sind typischerweise »wintergrün«; Sonnenlicht, das durch die winters unbelaubten »Bachbegleitgehölze« fällt, lässt spezialisierten Unterwasserpflanzen Möglichkeiten zur Photosynthese, auch bei tiefen Temperaturen. (Für die Spezialisten: Hakenstern-Tausendblatt-Gesellschaften und Bachberlen-Gesellschaften ... Herrlichkeiten, die Fachleute heute meist mit dem Zusatz »noch fragmentarisch erhalten« notieren.)

Eine dieser Pflanzen ist Teil meiner persönlichen Mythologie. Ich bin wahrscheinlich einer der Letzten, der noch als »Forellengrieper« (Greifer) unterwegs war: Solange man es im kalten Bachwasser aushalten konnte, ging man, ein Bein links, ein Bein rechts, die in der Strömung pendelnden Hakenstern-Fahnen entlang flussaufwärts und fingerte im nassen Grün nach Forellen, die sich hier, Kopf gegen die Strömung voran, einstellten. Das konnte nur gelingen, wenn man keinen Schatten auf den Fisch warf.

Die Könner – zu denen ich nicht gehörte – konnten die Schwanzflossen der stehenden Forellen im bergenden Grün so sachte ertasten, dass sich dem Fisch keine Gefahr ankündigte. Dann musste man mit den Mittelfingern beider Hände, möglichst gedankenschnell, in die Kiemenöffnungen vorstoßen.

Pardon, die Beschreibung ist unpräzise; die wenigen, die das Forellengriepen wirklich konnten, haben ihre Fähigkeit beharrlich beschwiegen. Ähnlich wie die, die Pfifferlings-Plätze in den Heidewäldern kannten, immer wortkarg wurden, sobald man hellhörig wurde.

Die Verhältnisse in Heidebächen sind ... oder muss man sagen: waren? ... so gut und lebensfreundlich, dass hier punktuell auch die höchst seltene Flussperlmuschel überlebt hat. Aber ich werde den Teufel tun, zu sagen wo.

Das hört sich schon ein wenig paradiesisch an, oder? Ist es aber in Wirklichkeit nicht. Selbst Heidebäche wurden, zwar nicht überall so dumm-brutal wie die meisten anderen Fließgewässer, aber eben auch: begradigt, verbaut, ihrer Zulieferer beraubt. Und das nicht erst in den letzten Jahrzehnten. In die Schmale Aue zwischen Ollsen und Hanstedt wurden Wehre gesetzt, die man dicht machen konnte, um die angrenzenden Wiesen zu überfluten. Das brachte eine spürbare Verbesserung der Grasqualität, so dass das Heidedörfchen Ollsen sich – wegen seiner guten Milch- und Butterqualität – »Botter-Ollsen« nennen konnte. Mit heraldischer Konsequenz hob man ein Butterfass auf das Wap-

Das Radenbachtal bei Undeloh

penbild der Gemeinde. Die Wehre sind – manches erledigt die Zeit – zu malerischen Ruinen verfallen.

Fünf Flusskilometer weiter nördlich, in meinem Geburtsort Hanstedt, vermute ich einen ähnlichen Sprach-Gedenkstein. Der auenahe östliche Ortsteil heißt noch heute dorf-umgangssprachlich »Ägypten«: Wohl eine halbironische Anspielung auf die Überflutungs-Kultur, die am Nil entwickelt wurde.

Und, auch wenn es hier nicht so recht passt, noch ein ehrfürchtiger Blick auf »meine« Schmale Aue, den großen Bach, der durch meine Kindheit fließt wie größere Flüsse durch die Kindheit größerer Geister. Schon als am Ende der Bronzezeit um 750 vor Christus sich im heutigen Norddeutschland Eisen als Werkstoff fürs Grobe durchzusetzen begann, siedelten Menschen an

© Lüneburger Heide GmbH / A. Kassner

den Ufern der Aue, die damals nicht so schmal war wie heute. Das habe ich immer parat, wenn mir Bildungsbürger mit dem Hinweis kommen, sie stammten aus einer Stadt, die schon die alten Römer ... pah! ... 2775 Jahre: Siedlungsgeschichte Schmale Aue!

Nimmt man die Heidebäche einmal gesamtgestaltlich und aus der ästhetischen Draufsicht, dann bringen sie, was in der Malerei die Entdeckung der Perspektive brachte: Tiefe. Und das nicht nur in geometrischer Hinsicht. Diese andere Tiefe, die fast metaphysische, ist schwer zu erklären. Darum ein Vorschlag: Gehen Sie mit mir (oder besser noch allein) den Weg von Undeloh bis Sudermühlen am Radenbach entlang. Die kleinen grünen Gras- und Schilfflächen beidseits des Baches, der anfangs noch zu schüchtern ist, um sich als Bach zu outen, kontrastiert wunderbar mit den trockenen Heidekuppen. Auf denen stehen windverrenkte Wacholder, und gelbe Sandabbrüche werden von den seltensten Laufkäfern Deutschlands bekrabbelt und von nimmersatten Ameisenlöwen getunnelt.

Man trifft hier – die Strecke ist die Direttissima zwischen Wiener Schnitzel in Sudermühlen und Sahnetorte in Undeloh – oft einmal Heidewanderer im Pulk. Daher vielleicht lieber früh oder spät gehen, wenn man allein sein will. Hermann Löns hat festgestellt, dass man zwar die ansehnlichen Landschaften Europas »in froher Runde« durchwandern kann, nicht aber die Heide. Die offenbart ihren Zauber nur *dem* Menschen, der einsam ausschreitet. Ich glaube, da kann ich ihm folgen.

Auf halber Strecke begegnen einem (vielleicht) braune Heckrinder, die im feuchten Wiesengrund das leisten, was Schnucken hier nicht hinbekommen: Die Vegetation ausdünnen. Wenn man Glück hat – ehrlich gesagt: Es muss schon mehr als nur etwas Glück sein – hört man hier in der Dämmerung oder knapp vor Sonnenaufgang das raue Lied des Ziegenmelkers, hart wie ein laufender Schlagbohrer. Der Vogel kann aber auch sanft: Männchen zeigen potentiellen Partnerinnen schnurrend Brutplätze am Boden, besonders die guten, die perfekt zum Ziegenmelker-Tarngefieder passen. Sie lässt sich länger anschnurren und inspiziert mehrere Brutplätze, ehe sie sich für einen – und damit auch für ihn – entscheidet.

Caprimulgus, der Ziegenmelker, ist einer meiner Lieblingsvögel! Neben dem Birkhuhn ist der Tarnkünstler der Heidevogel schlechthin. Er ist etwa drosselgroß, für seine Rumpf-Abmessungen recht langflügelig und die einzige Nachtschwalbe Europas. Sein braun-grau gesprenkeltes Gefieder erlaubt es ihm, optisch mit toten Ästen oder Bodenstreu zu verschmelzen, ein Grund, weshalb ihn weit weniger Menschen gesehen als gehört haben. Ziegenmelker können (fast) so rasant fliegen wie Baumfalken, sie können gaukeln wie Schmetterlinge, auf der Stelle rüt-

Ziegenmelker

teln wie Turmfalken. Fähigkeiten, die sich bei der Luftjagd nach wendigen, schnellen Insekten auszahlen.

Seinen seltsamen Namen bekam der Ziegenmelker von Plinius dem Älteren (24–79 n. Chr.) angehängt, der in seiner Naturgeschichte phantasierte, dass sich der Vogel zur Nachtzeit saugend an Ziegeneutern zu schaffen mache. Um die Ziegenmelker der Lüneburger Heide mache ich mir Sorgen. Sie finden zwar noch ausreichend Heideflächen, ihr Lieblingshabitat; aber mit ihrer Lieblingsbeute, größeren Insekten, sieht es bescheiden aus. Und wenn man eine Zahl über den Nachtschwalben-Bestand im Naturschutzpark angibt, vor zwanzig Jahren soll es knapp über hundert Individuen gegeben haben, muss man das Wort »noch« hinzusetzen.

Das gilt wohl auch für ein »Nur-noch-hier-Tier«, das (wette ich) noch kein Leser dieser Zeilen gesehen hat: Aporophyla lueneburgensis, die Graue Heidekraut-Glattrückeneule. Kein Nachtvogel, sondern ein Falter, den man – am ehesten wohl noch – auf den Heiden des Naturschutzparkes findet. Der Eulen-Erstentdecker, ein Lüneburger Stadtschreiber, schrieb um 1860 an einen namhaften Schmetterlingsforscher jener Tage: »Seit einigen Jahren sind die Raupen des A... Lüneburgensis wohl mit aus dem Grunde nicht zu erhalten gewesen, weil die neue Eisenbahn durch die Haidstrecke, wo ich sie entdeckte, geführt wird.« Früher Vorschein von Artenverdrängung. Die Glattrückeneule ist ein Noch-Tier.

Dieses verfluchte »noch«, dieses nervige »Es war einmal«! Es hängt über jedweder Heidedichtung, wie eine geronnene Abschiedsträne. Auch über dem besten Heidegedicht (dem besten? Den Superlativ riskiere ich, oder man nenne mir ein vergleichbar gutes), dem Gedicht von Theodor Storm, der ja eigentlich für eine andere Landschaft, die Nordseeküste, steht:

Abseits

Es ist so still. Die Heide liegt
im warmen Mittagssonnenstrahle.
Ein rosaroter Schimmer fliegt
um ihre alten Gräbermale.
Die Kräuter blühn, der Heideduft
steigt in die blaue Sommerluft.

Laufkäfer hasten durchs Gesträuch
in ihren goldnen Panzerröcken.
Die Bienen hängen Zweig um Zweig
sich an der Edelheide Glöckchen.
Die Vögel schwirren aus dem Kraut.
Die Luft ist voller Lerchenlaut.

Ein halbverfallen niedrig Haus
steht einsam hier und sonnbeschienen.
Der Kätner lehnt zur Tür hinaus,
behaglich blinzelnd nach den Bienen.

Sein Junge auf dem Stein davor
schnitzt Pfeifen sich aus Kälberrohr.

Kaum zittert durch die Mittagsruh
ein Schlag der Dorfuhr, der entfernten.
Dem Alten fällt die Wimper zu.
Er träumt von seinen Honigernten.
... Kein Klang der aufgeregten Zeit
Drang noch in diese Einsamkeit.

Das Gedicht ist nicht zuletzt deshalb so prächtig, weil Storm beobachtet – Laufkäfer, Vögel, Menschen – und nicht die Metaphernkeule schwingt.

Manchmal findet man Lyrik (oder sagen wir: Quasi-Lyrik) auch in trockener Prosa, unbeabsichtigt von ihren Hervorbringern in Fachbücher gesetzt. Kleine Kostprobe? Die botanischen Inventarisierer von Übergangsmooren, die hier und da schöne optische Kontrapunkte in die Heide setzen, kennen Wortgirlanden wie: Spießtorfmoos-Öhrchentorfmoos-Schlenke, Sonnentau-Zarttorfmoos-Rasen, Schmalblattwollgras-Spießtorfmoos-Rasen, Schnabelriedsumpf.

Wenn man sich diese Namen auf der Zunge zergehen lässt, will man hin, will sehen, was gemeint ist. Also auf in den Südwestzipfel des Naturschutzparkes, ins Pietzmoor, das südlich an Schneverdingen grenzt. Das Pietzmoor ist der kleine, aber nicht winzige Rest einer Landschaft, die einmal die großen Heiden durchäderten wie Bänderkalk den Marmor.

Heide und Lyrik ... natürlich führt, wenn es um Heide-Bedichtung geht, kein Weg an Hermann Löns vorbei, der, wo immer von ihm die Rede ist, als »Der Heidedichter« apostrophiert wird. »Der« im Sinne von »nur der«.

An dem Streit über sein Format als Literat mag ich mich nicht beteiligen. Nur so viel: Eindrucksvoll sind seine Natur- und vor allem seine Tierschilderungen. Letztere nicht zuletzt deshalb, weil der gelernte Journalist und kurzzeitige Student der Naturwissenschaft die Kreatur nicht einfach nur bedichtete oder gar beschwärmte, sondern sich ihrer mit Fachkenntnis annahm. Die Libelle, die er beschreibt, fliegt mit Sicherheit im richtigen Biotop zur richtigen Jahreszeit. Die Heidehasen, die durch sein Œuvre flitzen, tun das nach einem »Verhaltens-Kodex«, den auch ein Wildbiologe nicht anders beschreiben würde als Löns, nur trockener. Seine Heide und ihr lebendiges Inventar geraten ihm gut.

Alles im grünen Bereich bei Hermann? Hmm ... Was soll man sagen, sofern man sich nicht zum Schweigen entschlossen hat? Von Löns, dessen Namen im nördlichen Niedersachsen mehr Straßen benennt als der Goethes, ist auch der Bekennerschrei »Ich bin Teutone hoch vier (...) Natürlich passt das den Juden nicht«. überliefert und brauner Hirnschiss wie »Wo auf der Erde etwas Großes geschaffen wurde: immer gab blondes Blut den Anstoß dazu.« Und: »Weiber sind keine Vollmenschen, denn sie haben keine Seele, sondern nur einen Uterus.« Grüüüün ist die Heide ... Nicht braun. Oder doch? Der oft gehörte Kitsch-Vorwurf gegen das Löns'sche Gesamtwerk ist,

Hermann Löns, Ansicht zweier Titel

meine ich, unberechtigt. Doch was, gern auch mit dem berühmten Löns-Portrait als Jäger, in seinem und mit seinem Namen an Heide-Ramsch verhökert wird, geht auf keine Heidschnucken-Haut. Da grinsen kolorierte Schnucken, drängen sich plastikene Kunstgewerbeleien. Und Foto-Flatschen mit nach-gepixeltem Lila verletzen die Netzhaut des Betrachters. Pastor Bode kann sich nur deshalb nicht im Grabe umdrehen, weil sein Leib eingeäschert wurde … und Löns würde, wie der junge Jesus im Tempel, die Händler rausschmeißen aus dem Allerheiligsten seiner Heide. Undeloh wäre auf einen Schlag entkitscht.

Aber! Etwas abseits der schrillen Exzesse fand ich in Undeloh in einer Grabbelkiste mit alten Heide-Titeln das *»Haidedorf«* von Adalbert Stifter (1805–1868). Was für ein Fund! Der Mann, den man zu Unrecht heute fast nur noch als alpinen oder subalpinen Heimatdichter kennt (»Bergkristall«, »Bergmilch«), obwohl er ein fortschrittlicher Liberaler der Fast-Revolution von 1848 war und seine Prosa viele Landschaften überspannt, dieser Mann … ein Heidedichter?

Zumindest zeit- und teilweise. Die glückliche Kindheit des Knaben Felix erscheint in »Haidedorf« im Spiegelbild einer beglückend schönen Landschaft. Ein literarischer Kunstgriff, dessen sich viele Dichter der Romantik und des Biedermeier bedienten: Die umgebende Natur spiegelt die Seele handelnder Personen. Oder so: Die Seele ist eine Impression der Landschaft.

Wie könnte das heute, zeitgenössisch-romanhaft, daherkommen? Wir probieren es einfach mal so: Ein Mensch, ein Frau, wird an der Flut von Weltuntergangsnachrichten irre, oder fast irre: Klimakatastrophe, verdurstende Regenwälder, pandemisches Artensterben, Corona und kein Ende, Potentaten, die unsere Welt in der Ukraine und anderswo blutig kratzen, Kleinkinder, die den Zeigefinger nicht vom Touchscreen lassen ... mit diesem Bildersalat im Hirn flüchtet sich eine sensible Journalistin – vielleicht hat sie zusätzlich auch noch ganz banalen Liebeskummer – in einen Heideurlaub ... sagen wir ganz tief in die Heide hinein an einen Ort, den ich hier nicht verrate – denn er soll bitte schön einsam bleiben. Und während sie aufs heftigste von den schlimmen Zeichen der Zeit geblendet, ja überblitzt wird, bricht ein reinigendes Heide-Gewitter los. Der Wilseder Berg, dieser 169-Meter-Scheinriese, wird umzuckt von den Wurfgeschossen des Thor ... die Hünengräber öffnen sich und eiszeitliche Gestalten in Rentierfellen rücken, Flintstein-Schwerter schwingend, gegen unsere hohl drehende Moderne vor. Oder so ähnlich.

Und die Heldin dieses nicht geschriebenen Romans würde sich – ein wenig somnambul – in ein Museumsdorf in den Schwarzen Bergen (»Kiekeberg«) verirren, in dem nachts die alten Wände zu reden beginnen. Etwa davon, dass es früher auch nicht so leicht war. Man fürchtete anno 1810 unter Heidebauern nicht, wie heute, künftige klima-katastrophische Sommer-Durchschnittstemperaturen von 30 Grad, sondern schlicht Hunger und Armut.

Man muss sie sich anschauen und sie zu Wort kommen lassen: Diese kleinen Sicheln, mit denen man das Korn Schlag für Schlag niederwerfen musste, diese Flegel, mit denen man auf das Getreide los drosch, diese Holzlöffel, die man, damals war das nicht nur sprichwörtlich so, am Endes eines meist kurzen Lebens abgab. Komprimiert und im Kurzdurchgang findet man einiges davon auch in »Dat Ole Hus«, dem Heidemuseum in Wilsede, das der Dorfschullehrer und Heimatforscher Bernhard Dageförde mit Unterstützung von Pastor Bode in meinem Geburtsort Hanstedt abbrechen und in Wilsede wieder auf- und einrichten ließ.

Die hier ausgestellten teils hölzernen, teils grobeisernen Geräte strahlen etwas aus, eine Ahnung: Wer dieses Gerät handhabte, hatte ein Leben auf der harten Kante. Diese grobzinkige hölzerne Harke, eigentlich schon zu schwer, um sie zu tragen ... mit der wurde das Gemisch auf Heide-Einstreu und Schafsdung zusammengerecht. Es gab keine Arbeitstunden, keine Von-bis-Takte, es musste getan werden, so lange, bis es getan war.

Genial die Lösung eines alltäglichen Problems: Wie auf einem Herd mit einer einzigen Feuerstelle Töpfe und Pfannen platzieren, die unterschiedliche Größe haben? Mit eisernen Ringen, mit denen man die Feueröffnungen vergrößern oder verkleinern kann.

Der Rauchabzug war schwach, oft nicht einmal vorhanden; dann musste der Qualm durch die weit geöffnete »Mischendöör« abziehen. Wenn er es denn tat. Und der Rauch würzte Schinken und Würste, von denen man in der Heide nie reichlich hatte.

Die Schlafbutzen waren klein, was nicht nur daran lag, dass die Menschen früher generell kürzer waren als heute, sondern auch an der bevorzugten, leicht sitzenden Schlafhaltung. Die Schlafhocke – so jedenfalls bekommt man es erzählt – war auch deshalb gewollt, weil ein flach auf dem Rücken liegender Mensch, mit geschlossen Augen ruhend, leicht einmal wie ein Toter aussieht; und da wollte man dem Sensenmann, wenn er denn einmal wegen Kundenpflege vorbeischaute, keinen Arbeitsauftrag erteilen.

Wenn ich lange genug auf die Wände schaue, die das Kommen und Gehen einiger Generationen von Heidebauern abgeschirmt haben, höre ich Stimmen:

Fritz: So kann dat wull nich wiedergahn. Noch ehr de Sünn halfhoch an Heben steit, deit mi de Rüch all so verdüvelnd weih, dat ik kum noch stahn dau. (So kann das doch nicht weitergehen, noch bevor die Sonne halbhoch am Himmel ist, tut mir der Rücken so verflucht weh, dass ich kaum noch stehen kann.)

Ilka: Wi künnt uns keeneen Knecht vörkamen. Dat weest du wull. (Wir können uns keinen Knecht leisten. Weißt du doch.)

Fritz: Un? Geihst du nu to 'n Plaggen? Ik sög de Lütt, kak dat Eten und ik bring de Wäsch up de Bleek? (Und? Gehst du zum Placken? Ich stille dann die Kleine, koche und bringe die Wäsche auf die Bleiche?)

Ilka: Ik meen man bloots ... (Ich meine ja nur ...)

Der Totengrund bei Wilsede

Fritz: Jürgen Mathies ut Sohrndörp is mit de heele Familie hen na Amerika gahn. (Jürgen Mathies aus Sahrendorf ist mit der ganzen Familie nach Amerika gegangen.)

Ilka: Un? Wie hävt wull nich mal dat Geld bet Hamboch-Veddel? Ne Schipptuur övern Ozean ...? Wi alltohoop? Orrer wull du use ole Modder und de Kinners hier laten? (Und? Wir haben doch nicht mal das Geld bis Hamburg-Veddel. Schiffsreise übern Ozean ...? Wir alle? Oder willst du unsre alte Mudder und die Kinners hierlassen?)

Fritz: Ik denk ja nur. Und ... wi brukt nötig een niege immenhuv. Ut de olen schwarmt de Immen af. Kann jüm jo ok verstahn. Keen wahnt schon geern inne Brookbood? (Ich denk ja nur. Und ... wir brauchen neue Stülper. Aus den alten schwärmen die Bienen ab. Kann sie ja verstehen. Wer wohnt schon gern inne Bruchbude ...)

Auch die Heidjer wollten natürlich nicht so wohnen. Es gab nicht nur windschiefe Katen, es gab auch Wohnkultur – man war zwar nicht stein-, aber sandreich. Die Stubenböden bedeckte in den etwas gehobeneren Haushalten gern einmal der denkbar weichste, weißeste, weihevollste Teppich, einer, der nur hier ausgebreitet wurde: Heidesand.

Das sah schön aus und signalisierte: Unsere gute Stube ist unberührt. Du, lieber Gast, bist der erste, der hier hinein seinen Fuß setzen darf. Wisse das zu schätzen!

Ich erinnere mich, als Kind diese feierliche Einstreu noch in Kampen, wenig westlich der großen Heide, im Geburtshaus meiner Großmutter mütterlicherseits, gesehen zu haben – staunend und fassungslos. Da musste man sich nun zuhause die Schuhe ausziehen, um ja keinen Sand ins Kinderzimmer zu tragen, und hier geschah das mutwillig und vorsätzlich.

Wenn ich mir überlege, was meine Vorfahren in der Heide alles nicht hatten ...: medizinische Vollversorgung, Dusche, Kühlschrank, Smartphone, unterhaltsamen Horror in 3D, das ZDF-Traumschiff in Pentium-Qualität ... dann stellt sich mir die Frage: Was *hatten* sie eigentlich? Und was hatten sie vom Leben?

Über dem Ehebett meiner Heidjer-Großmutter, Berta Dittmer, hing, eingelesen in eine Heidelandschaft mit aufgehender Sonne, der Spruch: Beklage nie den Morgen / der Müh und Arbeit gibt / Es ist so schön zu sorgen / für Menschen, die man liebt.

Dieses Glück würde meiner Kopfgeburt, der modernen Journalistin, die ihren Burnout in der Heide löschen will, natürlich nicht genügen. Mir auch nicht. Aber etwas davon würden ihr guttun. Die Erkenntnis, dass Glück aus dem kleinen Gelingen kommt.

Unsere Altvorderen waren wohl im Schnitt kränker (vereiternde Zähne konnten einen schon umbringen), aber, so vermute ich, im Kopf gesünder als wir. Es gab zwar durchaus Depressive; in den Heide-Schnurren und Döönsches tapern sie als Sonderlinge und als Abseitige durch die Erzählflüsse, aber es waren wohl eher nicht so epidemisch viele wie heute. Albert Camus, Frankreichs großer philosophierender Romancier und

Essayist der Neuzeit, hat gesagt, man müsse sich Sisyphos – den unermüdlichen, stets scheiternden Steinewälzer der Antike – als glücklichen Menschen vorstellen. Dito Heidjer, die auch Gesteinsbrocken bewegt haben.

Ich stelle mir die Heidjer, besonders die klassischen Heidebauern, als zufriedene Menschen im Grenzgebiet zwischen Armut und Auskommen vor, egal ob sie nun Findlinge für Hofumfriedungen zurechtschlugen oder Buchweizen-Fladen in ihre Hungersuppen brockten.

Ach, Buchweizen … ist ein »Pseudogetreide« und so wenig Weizen wie eine Bisamratte Ratte oder ein Walfisch Fisch ist. Buchweizen ist kein Getreide, also auch kein Gras-, sondern ein Knöterichgewächs, das zur großen Ordnung der Nelkenartigen gehört. Die bekannteste Art der Gattung ist der Echte Buchweizen. Die Blätter sind wechselständig angeordnet, das heißt, nie zweigen zwei auf gleicher Höhe vom Stängel ab. Die ganze Pflanze ist unscheinbar – wenn sie nicht gerade weiß oder zartrosa und verhältnismäßig lieblich blüht.

Die Buchweizenkörner – also das, worauf es ernährungstechnisch ankommt – müssen geschält werden, denn die Schalen enthalten einen roten, gesundheitsschädlichen Stoff. Die Körner werden zu Buchweizenmehl vermahlen, aus dem man heute Fladen und Nudeln herstellt. Früher war es das Heide-Universalmehl. Und ein zentrales Geschenk meiner Kindergeburtstage.

Es gab in den Fünfzigern und Sechzigern für mich keinen 18. November ohne Buchweizentorte. Das Mehl kreierte einen nus-

Buchweizen aus: Prof. Thomé (1885) Flora von Deutschland und der Schweiz

sigen Geschmack – aber besser als Nuss –, veredelt durch Schlagsahne und Bickbeeren-Marmelade, die dünnschichtig eingestrichen wurde.

Dünnschichtig! Die Standardsünde vieler Buchweizentorten-Konditoren ist es, die ganze Chose zu süß werden zu lassen. Geschieht das – etwa wenn die Marmeladensüße die Nussigkeit erwürgt – besser auf den Verzehr verzichten! Wie alle Liebhaber der mütterlicher Buchweizentorte behaupte auch ich, dass nur meine Mutter sie perfekt herstellen konnte. Das ist die reine, die tief-subjektive Wahrheit. Zweifelhaft? Auf einem muss ich bestehen: Mutter Gertrud Lieckfelds Buchweizentorten hatten diese überwältigende Herbsüße und balancierten mit Grandezza auf dem schmalen Grat zwischen zu feucht und heidestaubtrocken.

Sie kennen das, oder? Die Gerichte der frühen Jahren bleiben lebenslang frisch, man bewahrt den Geschmack der Kindheit, kann ihn nicht auf der Zunge zergehen lassen, ohne dass Bilder aufsteigen. Bei mir ist das bei Buchweizentorte der Fall. Wenn ich einen Verein gründen würde, Deutsche tun das ja fast zwanghaft, wäre es der »Freundeskreis der Buchweizentorte e. V.«, und es gäbe sehr strenge Aufnahme- und Ausschlusskriterien. Zum Beispiel: Keine fetten Zucht-Heidelbeeren (die ausgerechnet in der Heide nicht Heidel-, sondern Bickbeeren heißen), sondern die kleinen blauperligen Geschmacksbomben, wie sie hier … und nur hier … zu süßherber Perfektion heranreifen.

Bickbeeren waren in der Heide ausgesprochene Hochsommer-Zeiger. Meine Oma väterlicherseits, in Hamburg im Juli 1943 ausgebombt, die »mit nichts als dem Nötigsten auf dem Leib« nach Hanstedt kam, war sehr zur ärgerlichen Verwunderung der ansässigen, geborenen Heidjerinnen, unschlagbar gut »inne Bickbeeren«. Wo geübte eingeborene Pflückerinnen drei Milchkannen vollklaubten, schaffte Oma Mieke in derselben Zeit fünf. »Das hat mich, deinen Großvater, deinen Vater und seine zwei Brüder durch die schlechte Zeit gebracht«, sagte sie, immer wenn ich sie auf ihre nie gebrochenen Sammelrekorde ansprach. – »Das kann so nicht ganz stimmen, Oma Mieke«, muss ich ihr nachrufen. Die Bickbeeren-Saison ist kurz, und der Rest des Jahres ist auf der Heide genauso lang wie anderswo. Für mich haben Bickbeeren, vulgo Heidel- oder Blaubeeren, noch immer den Geschmack meiner Jugend in der Heide.

Leichte, aber nur sehr leichte Geschmacks-Irritation: Es gab da in den Sechzigern und auch später noch ein gut instrumentalisiertes Gräuelmärchen, erfunden wohl von jemandem, der verhindern wollte, dass zu viele Menschen zur Bickbeeren-Saison die Wälder fluten: Tollwütige Füchse, hieß es, würden beim Bickbeeren-Naschen ihren todbringenden Geifer über die Beeren verkleckern. Ähnlich instrumentalisierte man die heideansässige Kreuzotter.

Als Verbote und Wegegebote die Touristen nicht an Kreuz-und-Quer-Läufen durch geschützte Heide hinderten, stellte man Schilder auf: »Vorsicht, Kreuzottern!« Man setzte auf den Mangel an Wissen; Kreuzottern können, anders als behauptet, fast unter keinen Umständen per Biss töten.

Mangel schafft bisweilen Erstaunliches. Nährstoffmangel zum Beispiel. Wir wissen, dass die artenreichste Weltgegenden, die, auf deren Böden Regenwälder wurzeln, wegen ihrer Nährstoffarmut so reich an Arten sind. Wo dagegen Nährstoff en masse im Angebot ist, setzten sich schnell die besten »Futterverwerter« gegen die Konkurrenz durch. Das Langzeitresultat: Artenarmut.

Die Besenheide ist Pionierpflanze. Sie ist die erste, die ein unbewachsenes Terrain aus Heidesand erobern kann. Und es mutet wie ein bemühter Wortwitz an, dass es Pioniere waren – im Südteil des Heideparks waren es britische Pioniere der Rheinarmee –, die die Heide verteidigten, beschützten, retteten, aufblühen ließen und noch lassen.

Die Panzer-Kriegsspiel-Übungsflächen schufen immer wieder die Gnade der Stunde Null, eine Gnade, auf die die Heide angewiesen ist, wenn sie nicht vergreisen oder in aufwachsenden Wäldern untergehen soll. Jede plattgewalzte Birke, jeder von einem Panzerbauch geplättete Buckel: eine Bataille, die für die Heide-Natur gewonnen war. Jede Panzerkettenspur eine Lebens-

Maschinell abgeplackte Heide © Helmut Penzlin

linie. Jeder neu aufgeschobene Sandwall ein Eldorado für Laufkäfer der Roten Liste. Jede tote Kiefer Lebensraum für Ziegenmelker. Jede feuchte Senke Heimat der Gebänderten Heidelibelle.

Ich muss an mich scharf einbremsen, um nicht ein Loblied auf Deutschlands Top-Waffenschmied Rheinmetall zu singen, der bei Munster große Waffenerprobungs-Areale betreibt, auf denen sich Birkwild, Wölfe und die allerseltensten Laufkäfer wohlfühlen. Dennoch. Ich hielte es für keine gute Idee, die Bundeswehr zu Großübungen in den Steingrund

Englischer Centurio-Panzer
© Wiki Commons, CC BY-SA 3.0

oder die Wacholderheide bei Niederhaverbeck einzuladen. Schließlich war es schwer genug, den großen Südabschnitt des Naturschutzparkes panzerfrei zu kämpfen.

Die Ausweitung der Heideflächen ist eine Siegesgeschichte in der an Siegen armen Naturschutzgeschichte. Der leitende General des Befreiungskampfes war Alfred Toepfer, von 1954 bis 1985 Erster Vorsitzender des VNP, zugleich Mäzen, Herr der Geldtöpfe und genialer Fürsprecher des Heideschutz-Gedankens.

Den bestmöglichen Gedenkort, den einer für sein Lebenswerk haben kann, hat der Mann, den Getreidegroßhandel zu einem der reichsten Deutschen der Wirtschaftswunderjahre machte, nicht bei den ehemaligen Getreidesilos der Hansestadt, deren Ehrenbürger er ist. Korn war sein Beruf, Heide seine Berufung. Deshalb liegt sein Denkmal auch nicht in Hamburg, sondern oberhalb des Wümmetals, wenig westlich von Oberhaverbeck. Dort, wo noch bis in die Neunziger des vergangenen Jahrhunderts Panzer wühlten und die Eisenblechfetzen flogen. Ein Stein neben einer Schutzhütte nennt Toepfers Namen; Erklärungstafeln würdigen seine Verdienste um die Heide.

Ich erinnere mich an einen seiner Vorträge, die Toepfer noch als Neunzigjähriger, frei stehend und frei redend, zu Gehör brachte. Seine Heide-Apotheose, das war weltliches Hochamt, war Bergpredigt vom Heidehügel. Gern erzählte er, wie er kurz nach Kriegsende, als sich die Briten die südliche Nordheide als Groß-Übungsgelände einrichteten, nächtens mit Gleichge-

Der Doyen der Lüneburger Heide: Alfred Toepfer © Alfred Toepfer Stiftung F.V.S.

sinnten durch die Heide robbte, um die Grenzpfähle zu verschieben.

Toepfer hat dann später sehr viel zugunsten der Heide verschoben. Immer einmal wieder auch mit der schieren Gewalt, die aus den Konten kommt. Seine Hauptfeinde waren die Birken, Fichten und Kiefern, die, das weiß man ja, die freie Heide bedroh(t)en. »Entkusseln!« war sein liebster Tagesbefehl.

Ich erinnere ich mich noch an eine Toepfer-Veranstaltung in den frühen Achtzigern, als im Publikum ein bekannter Ökologe, Professor Ernst Preising, aufstöhnend die Bemerkung wagte: »Aber Herr Toepfer, Heide, das ist doch nicht nur lila ... denken Sie an die vielen wertvollen Saumbiotope!« Die waren Toepfer wohl nicht ganz egal. Aber wichtig waren ihm große, freie Heideflächen. Die wollte er. Die bekam er. Dass der VNP seine Heideflächen erheblich vergrößern konnte – die ehemaligen Militär-Übungsflächen im Süden des Parks (1800 Hektar) gelten heute als ökologisches Tafelsilber – hat ganz wesentlich mit ihrem Langzeitvorsitzenden, Alfred dem Großen, zu tun.

Toepfer war kein Teamplayer, er soll wie ein »Überhälter« gewesen sein, wie diese Baum-Großgestalten, in deren Schatten wenig Nachwuchs hochkommt. Sei dem, wie es wolle; was man von Pastor Wilhelm Bode sagen kann, gilt auch für den Hanseaten: Die Heide, wie wir sie im Naturpark heute sehen, wäre ohne ihn schichtweg weg.

Sowohl Bode als auch Toepfer lag der Wald nicht sehr am Herzen. Mehr lila,weniger grün, war – etwas vergröbert resümiert – ihre Devise. Aber auf der Agenda des Schutzgebietes hatte und hat auch der Wald, der immerhin rund 35 Prozent des Gebietes ausmacht, einen Stellenwert. Man wollte von Anfang an naturnahe Wälder, die sich selbst verjüngen. Vorfindlich waren aber überwiegend Stangenforste aus Fichten, das Gegenbild eines naturnahen Waldes und der Horror jedes natur-affinen Menschen. Seit Jahren ist der VNP auf dem Weg, die ererbten Monokulturen abzuräumen und sich selbst verjüngende, artenreichere Wälder zu etablieren.

Damit die Selbstverjüngung gelingt, darf die Zahl der Rehe – die sich gern an den Triebspitzen junger Bäume verköstigen – nicht zu groß sein. Sie ist es aber, wie in ganz Wald-Deutschland, so auch im Heidepark. Es braucht Jäger, die die epidemische Ausbreitung des Rehwilds stoppen und zurückkämpfen. Hermann Löns, der nicht nur ein großer Naturschützer, sondern auch ein

Blick vom Wilseder Berg

passionierter, treffsicherer Jäger war, würde auf Anfrage jetzt wohl schon mal durchladen.

Wir schließen, wie wir begonnen haben, mit einer Zeile aus seiner jagdlich eingefärbten Sauflied-Heide-Hymne: *Falleri und Fallera … Juppheidi und Juppheida*.

* * *

Nachtrag Mitte August 2022, geschrieben bei mäßiger Heideblüte: Ich hatte meine Heide-Gedanken gerade mit den etwas dadaistischen Kunstworten aus Hermann Löns' Heide-Hymne geschlossen, als mich ein Freund anrief, der etwa gleichzeitig mit mir, 1967, das gemeinsame Heidenest Hanstedt verlassen hatte. Er nach New Jersey/USA, ich nach Buxtehude in die Estetal-Kaserne.

Er komme auf 'n Sprung vorbei, sagte er, habe nur wenig Zeit, aber es müsse »… after all these years …« einmal wieder Heideblüte sein.

Ich musste ihn gleich etwas einbremsen, was seine Erwartungen anbelangt: »Rümmel, dieses Jahr blüht die Heide aber sowas von besch…eiden wie fast noch nie … Klimawandel, Dürre … weiß der Teufel warum!«

»Macht nichts«, mailte er, er komme trotzdem; in jedem Fall aber wolle er ein Best-of.

Hierdurch animiert, habe ich die folgende Best-of-Heidetour notiert.

»Best-of« Totengrund / Wilseder Berg ... die Herzkammer der Lüneburger Heide – insgesamt 14,9 Kilometer. Wenn man eine »Best-of«-Heidetour empfehlen soll, gerät man in ein Dilemma, zumal Schönheit ja auch dann, wenn es um landschaftliche geht, im Auge des Betrachters liegt. Aber nach gründlichem Nachdenken kann ich mich doch zur Benennung eines »Königswegs« verständigen. Die **Wilseder-Berg**-Wandertour ist besonders reich an Höhepunkten. Man geht durch Heide und taucht in Wald. Man blickt über wellige Weiten und alles wird plastisch. Ausgangspunkt sollte **Oberhaverbeck** sein. Kaum eine Handvoll Gehöfte. Viele hohe Eichen, die ja seit jeher zum Erscheinungsbild eines Heidedorfes gehören. Eichen können, was uns seit Menschengedenken misslingt: mit dem Alter immer schöner werden. Es gibt Eichen, die ihre abgestorbenen Äste wie Traumfänger in den Wind recken (sie behalten sie gern bei sich). Hinter dem Ortsausgang geht es kurz hügelan, auf einem dieser strahlend weißen Wege, so als ginge man auf Schneepfaden durch den Sommer.

Der Rücken, auf den man sogleich gerät, heißt **Turmberg**, ist aber so wenig Berg wie der Wilseder Berg oder der Ahrberg im Garlstorfer Wald Berge sind. Hügel halt. Hier sollte der Wanderer unbedingt den Blick schweifen lassen über die umliegende Heidelandschaft! Ausatmen und staunen! Hügelabwärts kommt man zu einer Wegkreuzung. Nach rechts führt der Weg in den Wald. Dichter Mischwald, Ende August wahrscheinlich schon mit Birkenpilz-Duft. Hohe Bäume. Schatten, dem vertraut man sich gern an, wenn es ein Augusttag mit Heidsommerglut ist.

Dann wieder, den Wald im Rücken, ein Horizont mit Heide. Und was für einer! Wie schwarz lackierte Zinnsoldaten stehen Wacholder auf dem gegenüberliegenden Hang. Auf Plattdeutsch heißen Wacholder *Machangel*. Und im Hanstedter Dorfkrug gab es Gin aus »garantiert originalen Machangel-Beeren«. Die alten Heidjer kippten den Stoff eisgekühlt zum Bier. Aber nicht so oft: war deutlich teurer als Heidmärker Korn.

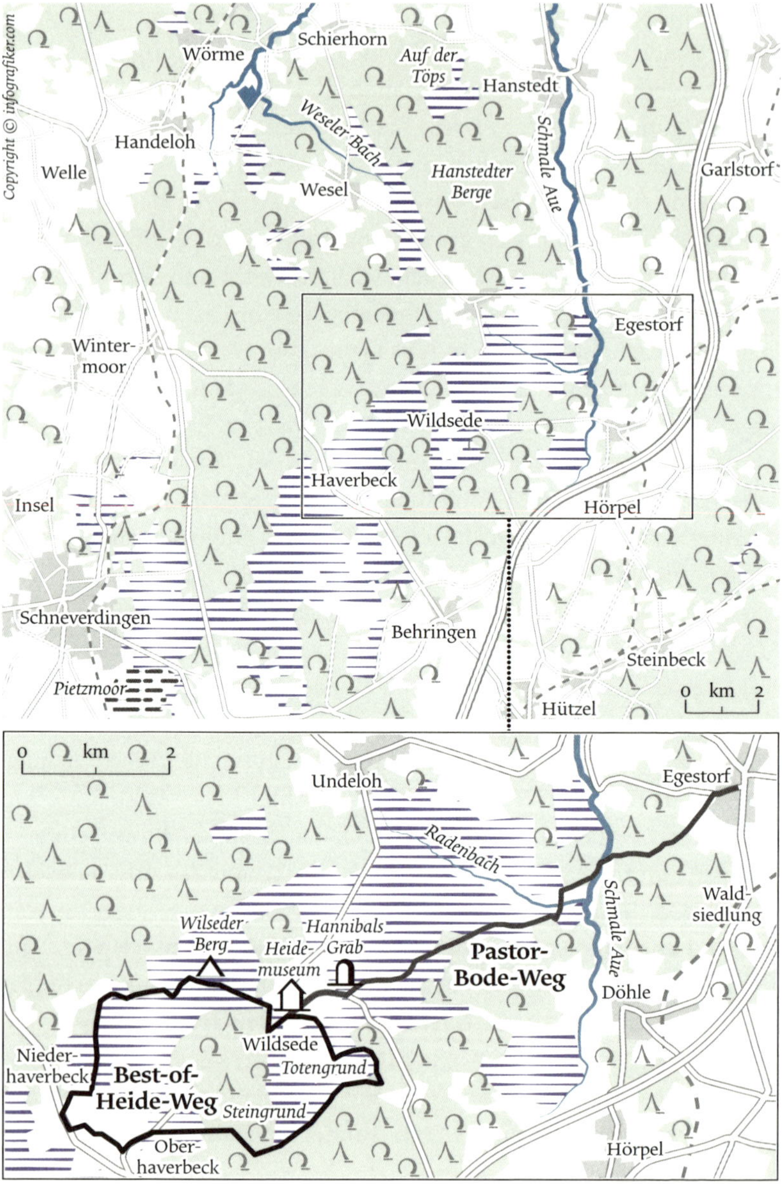
Copyright © infografiker.com
Wörme
Schierhorn
Auf der Töps
Hanstedt
Weseler Bach
Handeloh
Welle
Wesel
Hanstedter Berge
Schmale Aue
Garlstorf
Winter-moor
Egestorf
Wildsede
Haverbeck
Insel
Hörpel
Schneverdingen
Behringen
Steinbeck
Pietzmoor
Hützel
0 km 2
0 km 2
Undeloh
Egestorf
Radenbach
Schmale Aue
Wald-siedlung
Wilseder Berg
Heide-museum
Hannibals Grab
Pastor-Bode-Weg
Döhle
Wildsede
Nieder-haverbeck
Best-of-Heide-Weg
Totengrund
Steingrund
Ober-haverbeck
Hörpel

Dann der **Steingrund**! Nicht wenige finden ihn noch eindrucksvoller als den Totengrund. Der Pfad führt – eher am oberen Rand – durch dieses Wunderland. Hier ist Mensch dicht am Heide-»Best-of«!

Nur ein kleiner Bergrücken trennt den Steingrund vom **Totengrund.** Wem zu viele Menschen entgegenkommen, denn viele kennen diese Best-of-Tour: passieren lassen und auf Stille warten! Den Totengrund darf man sich nicht verlärmen lassen! Man könnte von hier auch einen kleinen Abstecher zum Gedenkstein für Professor Andreas Thomsen machen, der 1906 sechstausend Goldmark für den Ankauf der Keimzelle des Naturschutzparkes gegeben hat.

Den **Totengrund** kann man auf teils schmalem Pfad umrunden. Kiefernwurzeln, sandige Wege, schlängelnder Pfad und immer wieder: wechselnde Einblicke in den Grund. Man putze seine imaginäre Brille, damit man das alles mit dem inneren Auge sehen kann. Der Totengrund ist nicht so überwältigend wie etwa die Dolomiten oder die Dschungel-Tafelberge Venezuelas. Er ist eindringlich. Er ist in einer Weise überlegen wie Schumanns Träumerei einem Wagner'schen Sturmgebläse aus dem Orchestergraben überlegen ist. Der Totengrund ist nicht tief, aber er hat Tiefe. An einem Schafstall vorbei (ehrlich gesagt, er ist zu groß, um original zu wirken) erreicht man das Heidedorf **Wilsede**: Fachwerkhäuser unter Stroh und Reet, Findlingsmauern, Kopfsteinpflaster. Und wenn die Tageszeit passt: Buchweizentorte! (Ich muss bezweifeln, dass sie im Wilsede dieser Tage so gut ist, wie meine Mutter sie machen konnte. Aber eine Sondierung mit der Kuchengabel kann nicht schaden.)

Vom **Schlangengrund** – woher der Name? Vielleicht gab es hier einmal auffällig viele Kreuzottern? – hinauf zum **Wilseder Berg**. 169 Meter. Es wird immer noch behauptet, dass Napoleon zu Beginn seines Russlandfeldzugs hier gestanden hat, Hand im Westenaufschlag, ostwärts grübelnd ... sehr zu bezweifeln, das! Ziemlich sicher aber stand der große Carl Friedrich Gauß beim Vermessen im Auftrag des Königreiches Hannover hier, genialer Mathematiker (Gauß'sche Normalverteilungskurve!), überragender Physiker, naturwissenschaftlicher Meisterdenker. Die Aussicht nach Südwesten ist die beste. Oder man schaue einfach in die Richtung, in die die Mehrheit fotografiert … und fotografiere nicht: genießen! Die besten Bilder sind im Kopf. Vom Wilseder Berg – große Strecke Heide pur – zurück Richtung **Oberhaverbeck**.

Lüneburger Heide plus

Heide plus **Megalithkultur** – Die kleine Heidefläche knapp nördlich von **Amelinghausen**, gut eine Fahrradfahrstunde östlich des Naturschutzparkes Lüneburger Heide, gehört nicht zu den spektakulären Heidepartien. Es sei denn, man möchte Heide plus steinzeitliche Gräberlandschaft erleben. Der sehenswerte, 5300 Jahre alte Friedhof – die, etwas raunend, so genannte **Oldendorfer Totenstadt** – ist vor Ort leider nur mäßig per Beschilderung erklärt. Eine Führung durch Wolfgang Koltermann (0176 / 966 05 887) ist eine gute Alternative.

Heide plus **Waldbau-Naturdenkmal** – Knapp fünf Kilometer (Waldwanderweg) östlich der Oldendorfer Totenstadt liegt das **Marxener Paradies**: ein Kerbtal (Einkerbung durch Gletschereis) mit Waldwiesen-Teich, flankiert von einem ansehnlichen Heiderücken samt Wacholder, Birken und Ginster. Die gegenüberliegende Talseite bildet ein Endmoränen-Geklüfte mit vielen lebenden Denkmälern der Niederwald-Wirtschaft. Buchen, die früher zur Holzgewinnung »auf den Stock gesetzt« wurden – das heißt in diesem Fall: auf halber Mannshöhe gekappt –, haben sich inzwischen zu hohen Kandelaber-Gestalten ausgewachsen.

Heide plus **Großstadt** – Unmittelbar südlich vor den Toren Hamburgs liegt die **Fischbeker Heide.** Heidekenner – auch solche, die durch die geballte Landschaftsschönheit im etwas weiter südlich gelegenen Heidepark verwöhnt sind – loben den steil ins Fischbektal abfallenden Heiderücken wegen seiner Prächtigkeit. Weitblicke ins Elbtal!

Heide plus **Glockenheide** – Ebenfalls lila, aber in der Nahsicht viel schöner und »blütentypischer« als die Besenheide ist die Glockenheide, die man an feuchten Heiderändern, Tümpeln und Bachläufen blühen sehen kann. Ein anderes Heide plus bietet das **Wollgras**. Im Pietzmoor, im Südzipfel des Naturschutzparkes, wiegen sich im Frühjahr noch große Wollgrasflure im Wind. Geführte Wanderungen durchs Pietzmoor.

Heidewanderung Heide plus **Vollmond** – Der Verfremdungseffekt beschert ein neues Landschaftserlebnis. Wer sich nachts nicht unbegleitet über die Lüneburger Heide traut, kann sich an Detlef Grimm (0151 / 26581568) in Undeloh wenden, der erlebnisreiches »sicheres Im-Dunkeln- tappen« verspricht.

Heide plus Wortgenie

Arno Schmidt (1914–1979), Nachkriegsdeutschlands wortartistischster Dichter, war einer, der Expressionismus, Freud'sche Tiefenschau, die Joyce'sche Hochmeisterschaft des inneren Monologs, Satire, Erotik und eine unfassbare Vielwisserei zu Prosa verdichtete. Er lebte und schrieb die letzten zwanzig Jahre seines Lebens im Süd-Heidedorf **Bargfeld**, unweit von Celle. Dort halten die Heide-Bäume schlechtin, Wacholder, die Totenwache für den Exzentriker, den Heidelandschaften – möglichst herb mussten sie sein – immer wieder inspiriert haben. Schmidt ein Heidedichter? Sicher nicht, aber einer, dem diese Landschaft, die in seiner Prosa sporadisch vorkommt, die Horizonte öffnete.

»In das schläfrige Dörfchen, in dem ich damals wohnte, war ich eben von einem Waldgang heimgekommen; die üblichen unsichtbaren Spinnweben hatten knisternd mein bisschen Stirn überklebt, im Weiterkrümmen durch Gebüsch und Hartwuchs. Oben, zu beiden Seiten der Chaussee, stürmten die Weiden heran. Säbelbüschel über den Wirrköpfen. Wind drückte hierhin und dorthin, das Wetter schien umzuschlagen.«

aus: Arno Schmidt, Schlüsseltausch (Kleine Erzählungen)

Besichtigung des Schmidt-Wohnhauses (geführt und liebevoll erklärt!) nur nach Anmeldung (05148/920; info@arno-schmidt-stiftung.de).

Mit der niedersächsischen **Südheide** und der Nordheide verhält es sich ein wenig so wie mit Mallorca und Menorca; man kennt die größere des Duos, die Lüneburger Nordheide, und ist erstaunt, dass es da noch ein kleineres, bemerkenswertes Gegenstück gibt. Und das lohnt … mehr als nur eine Stippvisite. Der 480 Quadratkilometer große Naturpark hat als Träger den Landkreis Celle, umfasst zehn Naturschutzgebiete und ist mehr als Nur-Heide. Die kleinen Moore und Sumpfgebiete sind signifikante Flecken des Natura-2000-Programms. Kraniche und Bekassinen haben die Südheide schon längst entdeckt.

ANDERE HEIDEN

BRANDENBURG

Das Land Brandenburg hat, in Quadratkilometer bemessen, mehr Heide vorzuweisen als Niedersachsen mit dem deutschlandweit größten zusammenhängenden Heidekomplex (Naturschutzpark Lüneburger Heide). Und wer die ganze Vielfalt von Heide erkunden will, ist nicht schlecht beraten, sich im Osten auf die Beine zu machen.

Die **Schönower Heide** liegt nordöstlich von Berlin im Landkreis Barnim auf einem ehemaligen Truppenübungsplatz. Hier sorgte lange die Rote Armee für lila Farbe. Das kleine Gelände, heute mit einem 533 Hektar großen Naturschutzgebiet, wird von Dam-, Rot- und Muffelwild beweidet. Fast schon flehentlicher Dauerappell der Heidehüter: Nicht füttern! Es gibt einen anderthalb Kilometer langen Heidelehrpfad – gespickt mit Informationen. Gehenswert!

Die **Ruppiner Heide** im Norden Brandenburgs erschließt man sich am besten von Wittstock aus. Das 70 000 Hektar große Gelände (eine Fläche im Süden gehört der Sielmann-Stiftung, die viel und gekonnt in Besucherlenkung investiert) verlockt mit seinen abwechslungsreichen Wanderwegen zu mehr als nur kurzen Durchmärschen. Beliebt ist die große Weite, die von Kiefern und Birken aufs Schönste akzentuiert wird. Das strenge Wegegebot solle man schon allein deshalb beachten, weil das ehemalige Truppenübungsgelände immer noch »munitionsbelastet« ist. Ein 15 Meter hoher Aussichtsturm ist optimal platziert.

Döberitzer Heide im Havelland: Auch diese Heide ist Erbstück des Kalten Krieges. Aus dem ehemaligen 6000 Hektar großen Truppenübungsplatz wurde ein 3415 Hektar großes Naturschutzgebiet. Kenner loben die Hasenheide im Norden des Gebietes: Hier versammelt sich die ganze Schönheit des Döberitzer Heide in nuce. Mit Glück begegnet man auf dem 25 Kilometer langen Rundweg Wisenten – eine schöne Abwechselung für Heidewanderer, die eher den Anblick von Heidschnucken gewöhnt sind.

Saarmunder Heide in Potsdam-Mittelmark: Die kleinste ausgewiesene Heidefläche (77 Hektar) ist zugleich die einzige in Ostdeutschland ohne militärische Vorgeschichte. Der schöne Rest gehört zum Naturpark Nieplitz, den Naturfreunde wegen seiner Vielzahl seltener Tier- und Pflanzenarten schätzen. Wer Detailblicke mit etwas Weitblick kombinieren will, sollte hier ansetzen.

Lieberoser Heide (Spreewald): Wer Heide plus sucht – also Heide und vielleicht noch eine andere markante Landschaft in Reichweite, etwa den aquatischen Spreewald –, sollte den größten ehemaligen Truppenübungsplatz auf deutschem Gebiet auf seine »to be seen«-Liste setzen. Gut didaktisierte Erklärtafeln, Pionierwälder, wogende Grassteppe. Eine Wüste (allerdings eine menschengemachte, Ergebnis jahrzehntelangen Panzerketten-Einsatzes). Fahrradtauglich das Ganze. Und der einzige Ort in Deutschland, an dem man – mit Chance – Wölfe und Elche sehen kann.

Die **Reicherskreuzer Heide** (Oder/Spree), Teil des Naturparks Schlaubetal, zwingt den Beschreiber zum Superlativieren. Die 2840 Hektar große Fläche bietet genau das, was Heidefreunde suchen: die große, erhabene Weite. Und wer Glück und ein gutes Fernglas hat, entdeckt vielleicht sogar Wiedehopfe, absolute Pretiosen und Hingucker.

Die **Jännersdorfer Heide** liegt im Naturschutzgebiet Marienfließ im nordwestlichen Grenzgebiet Brandenburgs zu Mecklenburg-Vorpommern. Wer Heide nicht nur lila oder heidebraun mag, ist hier in Mai, Juni und Juli richtig. Die Jännersdofer Heide punktet auch gelb: mit Ginsterblüte. Auch auf diesem ehemaligen Übungsgelände gilt ein strenges Wegegebot – das Areal ist noch nicht komplett »munitionsbereinigt«.

MECKLENBURG-VORPOMMERN

Den Typus »Küsten-Dünenheide« findet man in Reinkultur im **Nationalpark Vorpommersche Boddenlandschaft**, und hier besonders schön bei Darßer Ort und Gellen. Aber auch auf **Hiddensee**. Diese Heiden brauchen keine Schur, keine Heide-Beweider. Wind und Flugsand halten ihnen die grüne Konkurrenz vom Leibe. Alte Heide stirbt ab und gibt neuer Raum.

SCHLESWIG-HOLSTEIN

Man kommt nicht der Heide wegen nach **Amrum** oder **Sylt**. Aber Freunde der beiden nordfriesischen Inseln schätzen nicht nur das wogende Meer, sondern auch wogendes Braun und Lila. Davon gibt es einiges in Amrums spektakulären Dünengürteln und in Sylts Norden.

SCHOTTLAND

In Europa ist Schottland das Heideland schlechthin. Von **Cape Wrath** aus kann man nicht südwärts in die Highlands vorankommen, ohne horizontweite Besenheide-Areale zu durchqueren. Aber man muss schon das Herbe und das Sehr-Herbe mögen, wenn man diese Heide als Augenweide auf seine Netzhaut bekommen will. Oft gibt es *nur* Heide, Moorsenken, »rolling hills« und Himmel. Dem schottischen Nationaldichter Robert Burns schwoll die Dichterader bei diesen An- und Fernblicken. Das große nördliche Nirwana.

WALES

Man wird wohl wegen der wildschönen Küsten- und Klippenlandschaften, wegen seiner Wildbäche, Burgen und Klosterruinen und nicht wegen seiner Heiden nach **Wales** kommen. Aber letztere findet man auch. Zum Beispiel »überquellend von Wildtier-Fauna mit spektakulären Heide-Moor-Partien« sieben Meilen südwestlich von Denbigh: **Gors Mean Llwyd**. Für Heide-Enthusiasten ein Muss.

AZOREN

Die berühmte **Azoren-Heide** ist nicht einfach nur Baum- und Besenheide, sondern eine Art Macchia, in der – je nach Niederschlagshäufigkeit, Windexponiertheit und Höhenlage – Azoren-Lorbeer, Wacholder oder Azoren-Stechpalme dominieren. Einst waren diese Heiden auf dem ganzen Azoren-Archipel landschaftsprägend. So ist es nicht mehr. Viehweiden haben Wandel geschaffen – zu Ungunsten der Heiden. Heute finden sie sich noch in den Steillagen der **Lagoa do Fogo** auf **Sao Migue**l, im **Krater von Faial**, in einigen Tälern auf **Flores** und **Sao Jorge**. Und, besonders schön ausgeprägt und mit diversen Blütenpflanzen durchmischt, an den Flanken des Vulkanberges **Pico**, nach dem eine der Azoren-Inseln benannt ist.

DANK DES VERLAGES

Für die EUROPEAN ESSAYS arbeiten wir in der Bebilderung mit Bildenden Künstlerinnen und Künstlern zusammen

Von RÜDIGER TILLMANN stammen die betörenden Federzeichnungen im Vor- und Nachsatz dieses Buches sowie auf S. 4. Mehr von ihm findet man z.B. hier: www.derwaldrauscht.de

Die genauen, gezeichneten Porträts der Autorinnen und Autoren der Serie stammen von ANIKA TAKAGI.

HELMUT PENZLIN stellte diverse Fotos zur Verfügung.

Ebenso tat dies ANDREAS W. KÖGEL, von ihm findet man noch viel mehr Heidebilder hier: www.heideknipser.de oder www.heid schnuckenwanderweg.de

MARKUS KLUGER (www.infografiker.com) für seine Karthografie, die ebenfalls Bestandteil der Buchreihe ist

Für weitere Abdruckgenehmigungen danken wir den Kolleginnen und Kollegen:

beim Landesamt für Geoinformation und Landesvermessung Niedersachsen für die historischen Karten

der Lüneburger Heide GmbH für prachtvolle Heidefotos

der Stiftung Freilichtmuseum am Kiekeberg für die historischen Bilder der Heidebauern

dem LWL Medienzentrum für Westfalen für das Wilhelm-Bode-Foto

der Alfred Toepfer Stiftung F.V.S.

der Gemeinde Hanstedt

Eckart Brandt

und Andrea Ott

LESEEMPFEHLUNG

Svein Haaland: Feuer und Flamme für die Heide.
Fünftausend Jahre Kulturlandschaft in Europa, Bremen 2003
»Alles, was man wissen kann, zum Thema Europas Heiden.«

Hermann Cordes u.a.: Naturschutzgebiet Lüneburger Heide.
Geschichte – Ökologie – Naturschutz, Bremen 1997
»Das Standardwerk zur Lüneburger Heide mit dem Fokus auf das Naturschutzgebiet.«

Walter Brauns: Der Heidepastor. Das Leben und
Werk Wilhelm Bodes, Bispingen 1988

Claus-Peter Lieckfeld: Die Flucht des großen Jägers.
Über das Meer in ein neues Land. Roman, Hamburg 2018
Aus dem Leben der Heide-Legende Hans Eidig

Eckart Brandt: Das Bienenbuch vom Apfelmann
Hamburg 2018
Mit einem Schwerpunkt über Heideimkerei

DANK DES AUTORS

an Elisabeth Mestmacher für Übersetzung
(aus dem Hochdeutschen ins Plattdeutsche),
Andrea Ott und Ingo Loose für aufmunternde Kritik.

CLAUS-PETER LIECKFELD

verbrachte viel Zeit seiner juvenilen Indianer-und-Cowboy-Dekade im Nordzipfel des in diesem Buch thematisierten Heide-Naturparks. Beruflich zog es ihn nach München, wo er in den 1980ern Redakteur des Umweltmagazins natur war, das Horst Stern gegründet und anfangs der 80er auch geleitet hatte. Zum Themenkomplex Tiere, Pflanzen, Ökologie und Naturschutz veröffentliche Lieckfeld diverse Artikel und Bücher. Er war Chefredakteur einer Buchreihe des WWF und schrieb für GEO, mare, Merian und das SZ-Magazin, veröffentlichte ein Theaterstück (»Rats«) und diverse Kabarett-Beiträge, unter anderem für Dieter Hildebrandts Scheibenwischer und das Düsseldorfer Kom(m)ödchen. Aufsehen erregte sein Buch über zweieinhalb Monate Eisfahrt im Weddellmeer (»Logbuch Polarstern«). Auch historische Romane entstanden. Hochgelobt wurde »Der Anwalt der Hexen« – ein Portrait/Roman über den Jesuiten Friedrich Spee, der sich während des Dreißigjährigen Krieges gegen den Hexenwahn stemmte. Zuletzt: »Die Flucht des Großen Jägers« über Hans Eidig, den charismatischen Wilddieb der Heide.

Nach seinem Lieblingstier befragt, antwortet Lieckfeld immer noch mit einem Drei-Buchstaben-Wort: BÄR. Und meint hier die ganze Skala – vom kleinen Malaien bis zum gigantischen Kodiakbär.

EUROPEAN ESSAYS ON NATURE AND LANDSCAPE
NEU AB FRÜHJAHR 2023

WO WIR LEBEN

Landschaften und Naturphänomene in Europa. Beschrieben in ihrer Eigentümlichkeit. Berichtet wird davon, was die jeweilige Landschaft ausmacht, was sie war, was sie ist, was sie wird. Die Autorinnen und Autoren haben freies Spiel, ihr persönlicher Zugang zur jeweiligen Landschaft bestimmt und führt den Text. Die Texte verleiten zum eigenen Naturerleben und -erforschen.

EUROPEAN ESSAYS

Die Bücher dieser Reihe erscheinen im Verbund mit Kolleginnen und Kollegen in Europa.

DRUCKEREI GUGLER

Die Bücher werden mit dem höchst möglichen nachhaltigen und gesundheitsverträglichen Standard gedruckt: Klimapositiv, und nur was unschädlich für Mensch, Tier und Umwelt ist, darf verwendet werden. Greenprinting ohne Greenwashing.

europeanessays.eu